AQUARIUS

AQUARIUS

AQUARIUS

AQUARIUS

一些人物，
一些視野，
一些觀點，
與一個全新的遠景！

最後抱他的人

許慧貞
教育部閱讀史懷哲獎、《天下雜誌》閱讀典範教師得主

【推薦序一】

「只有你能找到你生命的解答」——我與許老師的十八年師生緣

◎何則文（作家、青年職涯教練、企業主管）

永遠記得那是四年級升五年級的暑假，當時學校都有開一期六百元的泳訓班，姑姑怕我在家裡不知道幹嘛，跑出去遊蕩，都會把我送去游泳，消耗體力。那天泳訓班結束，我頂著因為戴泳鏡被太陽曬成「負片熊貓」的臉，準備走出龍安國小校門回家去。在經過穿堂的時候，看到布告欄被貼得密密麻麻的。

那是分班名單出來了，我立刻到處找我的名字，看看有沒有跟我最好的朋友們分到同一班。這時候泳訓班的教練，也是學校體育老師看到當時不到一百五十公分矮小的我，正踮著腳在到處「查榜」，問了我一句：「則文，你分到哪班了？」

「六班。」

「六班？是許慧貞老師的班啊？那你要乖一點啊，許老師是很嚴格的老師。」

那是我第一次聽到許老師的名字。

這之後就展開了我跟許老師的「對抗」之旅。還記得剛開學時，老師要全部同學拿起抹布跟水桶，把教室地板擦一遍，然後宣布，今天開始，進教室都要脫鞋子，所以地板必須要保持絕對乾淨。就這樣，我們的打掃時間，往往是孩子們像一休和尚卡通裡寺廟的和尚般，拿起抹布，老老實實地擦地板。

我童年的印象，對老師是又愛又恨，許老師是一個很豪爽、大剌剌的老師。對閱讀有很強烈的執著，彷彿相信可以透過「閱讀」那些比課本厚好幾倍的課外書，就能拯救全世界一樣。

小時候，最喜歡老師在上國語課時，總是會把國字用小篆或者其他更古早的型態寫出來，跟我們講造字典故，然後介紹這個字的「兄弟姊妹」，讓對我來說無聊的國語課變得很有趣。每個字都好像活了過來，有自己的性格跟故事。

老師後來甚至出過讓我們編輯、製作屬於「自己的報紙」、做手工書，讓孩子自己規劃畢旅行程等等，到今天仍記憶猶新的超有趣創新作業，讓上課變成一件很有趣的事情。這些當時的小活動都很深刻地影響了我日後的發展。

但是，如果你是在十八年前認識我，會看到那個下課時，總是在教室後面站著罰抄課文，被罰無數次，仍冥頑不靈、不願意交作業的頑劣分子。當時只要不交作業，老師祭出的大禮就是下課時，站著罰抄當時教到的國語課文一次。我這種一天就可以累積四、五筆帳的，永遠沒有把課文抄完的一天，所以我期待國語課教到的是新詩，因為如果是長篇散文，那簡直是抄到崩潰。

我當時是個不起眼的學生，成績很不怎樣。愛耍寶的我，有時候也會被其他小朋友當成「怪胎」。而且我的字特別醜，當時下課時，老師常常在後面的導師座位改作業到一半，突然喊起我名字說：「何則文，你怎麼可以把字寫得這麼醜啊！」甚至念到小學六年級，我還可以把自己的名字寫錯，寫成「何貝文」。

當時懷孕的老師還跟我說：「每天看你醜成這樣的字，胎教都不好了。如果以後我兒子寫字也很醜，我就要找你算帳！」結果後來好像真的一語成讖了，老師也會跟自己的兒子開玩笑說，這個則文哥哥就是害你寫字很醜的元兇。

其實，我當時最討厭「閱讀課」跟「讀書會」，但這卻是許老師最喜歡、最重視的課程。每週的閱讀課，老師會要小朋友們分組、討論讀書會。一開始，不喜歡看書，且根本沒看書的我，往往就閉嘴，在旁邊發呆，也不會參與討論。我一開始，也是一個不怎麼講話的小朋友。

有一次，老師卻特意點我起來。只有大概翻過書的我，只好開始根據印象，七拼八湊地鬼扯。原本想可能會被老師當眾揭穿我根本沒看書，沒想到，老師卻在全班面前說：「何則文，想不到你平常不說話，今天講的東西還滿有意思的嘛。真是『不鳴則已，一鳴驚人』啊！」

那次的歪打正著，讓我開始覺得看書好像也是滿有趣的事情。兩年下來，我們也看了好多本書，其中《少年小樹之歌》甚至成為影響我一生的書籍，也讓我後來在大學有個「小樹」的綽號。

而真正讓我開始熱愛閱讀，卻也是一次跟老師對話激盪出的火花。還記得那是一天只有上半天課的下午，同學都回家了，就只剩下我跟許老師在教室「對峙」。老師問我：為什麼總是不交作業，寧願每天被罰抄課文，不能下課玩耍呢？

那個十一歲的小男孩卻反問老師：「老師，為什麼我們要努力念書？就算我成績好，上了建中、台大，賺了大錢，我最後也是死，而路邊的乞丐也是死，既然大家最後都一樣，那我到底為了什麼要努力？」

原本，我想老師又要講什麼大道理。但許老師卻很淡定地回：「我也不知道。」當時我震撼了，空氣在瞬間凝結，就好像時間暫停一樣。對於這種意外的答案，我也頂不了嘴。這是第一次我聽到，也有老師不知道答案的事情。

「那是你的人生，你這一生為什麼而努力，只有你自己能找到解答，我不能告訴你答案。只有你能為你的人生負責，但是我、你可以透過閱讀，跟古往今來的人們對談，找到屬於你的人生的答案。」許老師很平靜地這樣說，但這卻成為我這一生印象最深的幾個人生場景之一。

在那之後，我就開始踏上追尋人生目標的閱讀之旅。國、高中時，雖然我是個叛逆、愛鬧事的孩子，大、小過不斷，高中甚至留級，念了四年。教科書我雖然念得不好，不過，座位上總是有堆積如山的課外書。

高中時，我是那種教官會照三餐來查勤的人。教官進我們班時，往往第一個就找我在哪裡，是不是我又跑出去胡鬧。後來回母校演講時，輔導主任還談起當年教官每次進到輔導室都抱怨「這次又是何則文，每次都是他在鬧事」的趣事。

但意外的是，高中時，有次教官又來巡堂，看到班上有張沒人坐的桌椅，堆滿了比人還高的書。教官翻一翻書，他很意外，那是《戰國策》、老莊、《文心雕龍》之類，一般高中生不會看的古書。教官好奇之下，問這是誰的，當同學回答「何則文」時，教官瞪大眼睛，不敢置信。

「想不到你小子平常這麼愛鬧事，竟然還滿有學問的嘛！」

而許老師給我的人生禮物「閱讀」，伴隨了我一生，也帶給我許多的機遇，成就了今天許多的可能。大學畢業後，我幾次去花蓮找老師。過去十幾年，老師對閱讀的熱愛不但不減當年，甚至愈加深刻；而當年不起眼的小男孩，後來也成為風流倜儻的大師哥了。

想起來我讀小學時，當時的許老師已經出版許多著作，我總是驕傲地跟別班的好友說，我的導師可是一位「作家」呢！而過了十八年，我在許老師的影響下，也成為一個出了四本書的作家，讓老師驕傲地說：「我教閱讀這麼多年，竟然也教出一個作家了。」甚至在讀書會，她還帶著小朋友讀讀這位「老學長」的書。

最奇妙的是，當時出版社會發現我，是因為上網搜尋許老師的訊息時，看到了我曾經寫一篇懷念當時許老師教導的文章，因而注意到這個也很愛寫文章的小伙子。只能說，因緣是何等不可思議。

小學那個曾經看到書本就反感的我，如果能坐哆啦A夢的時光機，看到十八年後的自己會成為一個作家，一定會不敢相信吧！但是這就是許老師的魔力，這就是「閱讀的力量」，而我也相信，這本書這些深刻而真實的故事，也一定能改變那千千萬萬打開它閱讀的人們的人生。

那麼，現在，就讓我們一起「上閱讀課」吧！

【推薦序二】三十年如一日的閱讀路

◎林怡辰（國小教師、《從讀到寫》作者）

我追隨慧貞老師超過十年了。

在那個「閱讀」還是奇怪名詞的年代裡，坊間的書籍甚少，到底怎麼讓孩子愛上書，從書中找到自己的一方園地，我到處都找不到路徑，是慧貞老師的《上閱讀課囉》、《寶寶愛閱讀》，讓我在沙漠中找到一片綠洲。藉由書裡分享的內容、組織班級的閱讀活動、圖書館教育的課程思考，甚至在我有自己的孩子之後，更成為陪伴他們閱讀的最佳引導書籍。

記得在我初任教師那些因為推動而受挫的時光、被叫到校長室喝咖啡的沮喪、家長寧可印考卷也不願意讓孩子看書時，也是慧貞老師的書，給了我好多信心和鼓舞。也有人這樣堅持著喔！對我來說，慧貞老師就是閱讀的光。有這樣的前輩在前面引導著，讓我常常，抹乾眼淚，重新出發，並再次思考怎麼讓班上的孩子領略閱讀的美好。

而這樣一路提燈的前輩，現在出書了。在我讀完後，心裡沸騰。這些推動閱讀的困難和受挫，轉眼，慧貞老師已經走了三十年了。「三十年」是怎樣的概念？堅持一路以來不放棄，又是怎樣的信念？

從熱血的小荳荳兒童圖書館到私立學校、台北到花蓮、學校到社區、都市到偏鄉……不同的地區、不同的背景、不同的孩子，慧貞老師這本《最後抱他的人》娓娓道來，在這三十年路途中，遇過的許多不同孩子的故事：

從兒童故事館的幼兒小妞妞的第一張閱讀證，閱讀怎麼讓慧貞老師發現自己的初心；當遇到有自己獨特意見的孩子，哲學家也能在閱讀中找到自己的一方園地；推動閱讀被家長質疑的時候，孩子最終可以用閱讀裡的字句，在需要的時候，跳出來幫忙同學一把；面對自閉症的孩子，閱讀怎麼讓一位老師讀懂他的語言，讓其他孩子醞釀出對自閉症孩子的溫柔；孩子從五分鐘都坐不住，到後來寫信給名人，還能收到李家同教授回信……

接下來，來到了偏鄉，面對只重視成績的家長，孩子只能暗地裡默默閱讀；過動兒也能因閱讀，獲得自己的勳章；家庭不利的孩子，重新因為閱讀找到眼裡的自信……這些是真實的孩子，所以沒有標準的處理程序，也沒有一定要怎麼做的步驟，慧貞老師在故事裡用清簡微暖的文字，寫下和這些孩子的相遇過程。現實生活中，結果沒有辦法像電影般一下子就雨過天青、反敗為勝、翻轉人生、充滿戲劇性，但也就是因為是真實人物，所以當現實裡的困挫和社經文化的盤根錯節，落在這些孩子身上，形成種種壓力時，更叫人心疼。「閱讀是一道光」，慧貞老師在書裡寫下這句話，而光需要等待，經過時光的醞釀，孩子經過長時間的淬煉、成長，長大後，孩子捎來的字句，總是能讓我們在面對現實的考驗時，可以多一點希望，這，也是閱讀教會我們的。

偏鄉的孩子令人心疼，也是因為這樣，閱讀的力量更見珍貴。偏鄉的孩子無法選擇自己的出生，但是「閱讀」可以讓他們改變後面命運的走向。藉由閱讀和老師的引導，孩子不斷地了解自己、看見世界，也肯定起自己的價值和擁有自信的眼光。閱讀讓孩子知道自己不孤單，老師讓孩子發現自己仍有人溫暖關懷，一步一步，孩子漸漸自我肯定，活出自己想要的人生，最後，這些孩子，能夠重新站在公平、正義的起跑線上，重新為自己，出發！

不同年齡、不同地區、不同特質的孩子，慧貞老師都從閱讀切入，給予他們閱讀的自由、抒發心得的自由，並從孩子的本身特質出發，高度肯定、隨時陪伴。每一篇故事都是一個孩子深入的頗析和觀察，但其實，同時間，班上卻是二十幾位，將近三十位的孩子。慧貞老師用心觀察孩子，看見孩子們背後沒有說出口的寂寞、傷痕和不被理解的痛苦，再經由閱讀轉化，讓孩子在書籍中被療癒。孩子重新看見自己、看見世界的精采，然後，孩子重新站起，去追夢。

我印象最深刻的是書中的〈三秒膠事件〉。不管是怎麼樣的老師，年資多少、獲獎無數，但面對新的孩子，總是會有新的挑戰。這樣一位孜孜矻矻，努力付出的老師，她的車子鑰匙孔也曾被孩子黏住三秒膠，可以想見其挫敗。「認真去愛的，沒有不受傷的，尤其是越認真、越毫無保留的，受傷越重」。在慧貞老師的文字中，不難讀到挫敗和受傷、萬念俱灰和自我懷疑，可，也是閱讀的力量讓她重新站起，獲得願意再試一次的勇氣。慧貞老師在文末中寫道，她在雷夫老師的書中，獲得的：「我相信，當我每天走進教室，我應該已經按下改變世界的按鈕。」在高付出的教職中，面對不成熟的孩子，投下真心，而受傷的時候，這些書上的文字和故事，總是能讓人有重新相信的勇氣，讓人撫平傷痕，傻傻地再次付出。

這本書籍的每篇文字最後，都介紹了文章中相關的書籍，有些是讓孩子閱讀的書目，有些是老師自己價值觀和信念引領的重要書，可以讓我們按圖索驥，延伸閱讀。閱讀的人很難明確說出哪些書籍對自己的確切影響，但，那些書籍如果對自己產生複雜的化學變化，那麼終將成為信念，成為行動，變成我們生命的價值。慧貞老師書末寫到：「只要翻開書頁，就等於打開了通往世界的道路，可以任意悠遊古今中外，停駐任何想望的所在。一本本的書，承載的是無數古往今來想傳遞心意的偉大靈魂。我總期盼我的學生能透過閱讀，在其中找到一輩子不離不棄的心靈摯友。」

我想，就像慧貞老師最後說的：keep reading！翻開這本《最後抱他的人》，和堅持三十年閱讀路的慧貞老師相遇在書籍閱讀路上吧！

【推薦序三】銜著天命推閱讀的「圖書女騎士」

◎陳麗雲醫師

印度靈性導師拉瑪那尊者曾經說過一句名言：「凡是註定會發生的事，就一定會發生。」

回顧這些年來，慧貞與我的相識、相知，以及慧貞之所以到花蓮來教書，或者，慧貞跟「新象繪本館」的合體，齊力推廣閱讀，成為花蓮版的「圖書騎士隊」，這些，好像都是命中註定的。因為，當慧貞踏上花蓮的第一天，就莫名其妙地被我「堵」了。

我是個小兒科醫師，同時也是三個小孩的媽媽。因為想要多些時間陪孩子成長，所以，辭去了門諾醫院小兒科主任的職務，轉任看診時間較有彈性的基層診所醫師。民國八十七年初，在我陪伴自己三個孩子共讀的過程中，意外地發現了繪本是很棒的陪伴和教養工具，於是，我把即將裝修的小兒科診所，用心打造成一個溫馨的繪本空間。那一段期間，我在週間忙著看診，但在週末假日，我總是開心地帶著一群家長和孩子們，在診所進行小大讀書會，推廣親子共讀。那真是生命中一段最美好的時光。

民國九十二年四月二十三日，我和小大讀書會的故事媽媽以及「花蓮新象協會」的夥伴，共同創辦了花蓮最早的兒童圖書館「新象繪本館」。有了這間夢寐以求的繪本館，可是，館長的人選呢？雖然，我是掛名館長，可是我心裡十分明白，要帶領孩子們進入深度的閱讀，一定要找到更專業的人來當館長。

繪本館成立三個月後，我無意間讀到一篇聯合報的報導，提到台北龍安國小有位許慧貞老師，不但帶領班上的孩子，在兩年之間讀完五十本經典文學作品，學生還乖乖寫心得筆記。看到報導的當下，我的心裡非常興奮，這位許慧貞老師，不就是我朝思暮想的館長人選嗎？於是，我請新象協會的同仁，一定要想辦法跟報社「盧」到慧貞老師的電話。

兩天之後，終於拿到了慧貞的聯絡方式。正在忙著看診的我，找到一點看病的空檔，趕快撥了手機，邀請慧貞來當館長。巧合的是，慧貞接到我的電話那天，她本人剛好就在花蓮，參加小學教師甄試，於是，等她甄試完畢後，我就把慧貞請來了新象繪本館。

就這樣，與我素昧平生的許慧貞，被我一通電話拐來當新象繪本館義務職的館長。如今，十七年過去了，慧貞一手撐起「新象繪本館」，不論是繪本館的志工訓練或著館慶活動的設計，她都親力親為。慧貞的點子新，活動力強，往往讓新象協會每年進行的閱讀活動，有著非常令人讚嘆的創意。過去這些年，慧貞在花蓮各地推動閱讀的成果，大家都有目共睹。她不但翻轉體制內的校園閱讀，也跟著新象協會的貨櫃屋行動圖書館、小太陽行動圖書車到部落關懷偏鄉，並且，為了要把好書留在部落，鼓勵偏鄉的孩子就近閱讀，還籌資打造了幾個小而美的「小小自由圖書館」，讓部落的孩子們自由借閱，自由歸還。

如果說，許慧貞這一生是銜著天命來為花蓮推閱讀的，真的一點也不為過。我也常私下這麼想，與其說慧貞是來協助我的新象繪本館，還不如說，新象繪本館有可能是我為她預備的。

雖然，這不是慧貞的第一本著作，但是，這本書肯定是她多年來推廣閱讀的重要代表作。因為，這本書的書寫年份前後長達三十年，足足涵蓋了她從大學畢業初次當兒童圖書館員的夢想奮戰；初次出道，當小學老師的青澀熱情；直到她隨夫婿移居花蓮，在明義國小任教後的教學奇遇；以及，她和新象協會的閱讀團隊走遍花蓮偏鄉的感動；還有，她特別為中學生閱讀量身打造的「越讀者聯盟」的青少年關懷。每一篇文章，都是慧貞因著閱讀與不同的孩子生命相遇的精采對話，也是她陪伴秉賦特異不被主流社會看好的孩子，好不容易攀越閱讀山丘的全記錄。慧貞的文字書寫，有著她獨特的直率風格，有畫面、有張力，還帶著一點灰色幽默，卻又直接擊中淚點。我一篇篇的讀著，覺得自己好像正在觀看一幕又一幕「說好不哭」的單元劇，看著看著，眼淚不自覺地掉下來。

書中那幾個特異的孩子，在許慧貞這位魔法馴獸師耐心而有技巧的帶領下，不論原生家庭是如何的困難、扭曲，造成孩子的種種行為偏差；或是源自孩子與生俱來的發育發展異常，導致過動或者自閉；這些孩子，都曾經在慧貞的陪伴帶領下，或多或少或短或長的享受過一段美好的閱讀時光。幾個特別的孩子當中，我稍稍有印象的，是那篇〈我可能是最後抱他的人〉裡的阿傑，以及〈三秒膠事件〉裡的阿祥。

其中，阿傑是讓人最心疼的。在阿傑短暫又悲慘的人生當中，因為慧貞老師的出現，而讓他在生命消失之前，至少有過那麼一段短短而美好的閱讀時光。事發前幾天，從來不曾寫信的阿傑，竟然真誠而開心地寫了一封感謝卡片，送給他喜愛的慧貞老師。看到慧貞因為阿傑的意外傷心不已，我試著提醒並為她打氣：「妳不覺得妳有可能是最後一個抱他的人嗎？」也因為阿傑，新象協會才有了後續的上山蹲點計畫。我們在阿傑住過的山邊部落，借用廢棄的教室，打造了一座守護部落青少年的據點。我們用閱讀紀念阿傑，並且，持續陪伴著阿傑的兒時同伴長大。

阿祥，則是在某一年「新象繪本館」的館慶中表演木乃伊而一砲而紅的孩子。那一年，館慶的活動主題是「閱讀世界通，視野大不同」。我們鼓勵家長輪流上台，講述不同國家的繪本故事，並讓孩子們穿戴不同國家的服飾。最後，館慶活動來到最高潮，是一個全身捲著白色衛生紙捲，一動也不動的木乃伊。原來，他就是慧貞筆下「三秒膠事件」闖禍後，特別來贖罪的學生。

讀完整本書，我除了感動，還有深深的欽佩。彷彿看到許慧貞這樣一個瘦瘦弱弱的奇女子，因著一份對閱讀深信不疑的信念，以及一顆不忍孩子的慈悲心，用盡了她三十年的寶貴青春，守護孩子，當孩子的閱讀推手。我常覺得，她就像唐吉軻德一樣，不斷地揮舞著手上那把閱讀的寶劍，奮戰著升學主義下壓迫孩子的成人世界；她也像是麥田捕手，戴上一雙閱讀打造的手套，癡心地想要抓住那些不被現實社會肯定，即將墜落山崖的孩子。

閱讀對孩子未來人生的影響，真的是既深又遠，這也正是慧貞一生懸命，要牽引所有的孩子走向閱讀之路最大的動力。就像她在書中說的：「書讀了，書中的哲理金句就種在孩子心裡了。」也許有一天，當孩子們碰到人生的困境，那些哲理金句就會在適當的時候不經意地跳出來，陪伴著處境艱辛的孩子，度過生命中一個又一個難關。

我要大力的推薦這本書。因為，這本書中除了令人感動的故事敘事之外，也提供了不少珍貴的參考書單。這些書單，不但有慧貞多年來在教學現場經常使用的繪本或圖書文本，更難得的是，慧貞貼心地在每一篇文章裡，不藏私的提供了許多她個人閱讀的私房書。這些私房閱讀書單，正是她看待每一個事件，每一個孩子處遇背後的教育思維與心法。正因這樣長期大量閱讀，累積了足夠的生命哲學底蘊，使得她在面對各種教學現場，始終保有足夠的信念與熱情。

我深深覺得，如果你想要認真「讀懂」難懂的孩子；如果你想要成為孩子成長過程中，那個「有能力協助孩子閱讀的大人」，那麼，建議你一定要好好的閱讀這本書。這本書值得你再三閱讀，並且珍藏。

陳麗雲醫師：前門諾醫院小兒科主任、花蓮新象協會創會理事長、新象繪本館創辦人、吳尊賢愛心獎得獎人。

【自序】閱讀與陪伴——就這樣學著當一位老師

曾經有人問我，為何對兒童圖書館如此情有獨鍾。我想，這得從國小二年級的偷書事件說起……

由於我是家裡的獨生女，爸媽又都得上班，我的童年甚為孤單。除了跟童年夥伴課後遊戲外，閒來無事的漫漫午后，我最喜歡的就是蹲在街口的小書局看書。

當時的書局可不若今日的大書店，歡迎讀者隨意瀏覽群書，因此我常常沒翻上幾頁書，就得擔心店老闆隨時準備趕人。

當時小小年紀的我，對閱讀有著很深的渴望。爸媽給的零用錢幾乎都用來買書，但也買不了幾本，因此，三不五時，我還是寧可冒著挨老闆罵的風險，也要去店裡頭看看書。

就在小二暑假前的某一天，我又蹭去書店，消磨時光，就在手中故事來到緊要關頭之際，我發現老闆又在瞪人了。

我好想看下去，但又擔心老闆趕人，於是心底默默想著：要不我先借個一天，明天再偷偷把書拿來還好了……但那一副騙不了人的心虛模樣，想當然爾，被老闆逮個正著。

我嚇壞了，直哭著跟老闆求饒，說我真的好想看書，但真的沒錢買書，以後再也不敢了，求他不要告訴爸爸媽媽跟老師。

老闆見我哭得一把眼淚，一把鼻涕，終於勉為其難答應不告狀，但我還是得接受處罰。

於是，我很認分的每天到書店當小童工。這裡擦一擦，那裡弄一弄，之後就乖乖地照老闆規定，站在櫃檯旁罰站。

「這小孩是怎麼了？」很多經過我面前的婆婆媽媽們，好奇地探問。

「啊就沒錢，偷書啦！我看她可憐，沒送到警察局，想說給她一次機會……」

老闆每說一回，我的臉就發燙一遭。

我的眼睛只能死盯著地板，頭都不敢抬一下。

就這樣罰站一周之後，我再也不敢走進那家書店。

從此，「我是小偷」這一道陰影即長駐我心底，揮之不去。

每天晚上睡覺前，我總禱告著，希望自己明天醒來就會忘記這件事；然而，隔天醒來，卻又好絕望地發現自己忘都忘不掉。

我認定自己就是個壞小孩了。縱使這回憶深埋心底，不敢跟任何人提起，但三不五時，它總不經意地跳出來，提醒我是個「小偷」。

即使成績表現優異，受到師長稱讚、肯定時，我心底總有個聲音旁白著：「其實你不知道我的真面目。我是個小偷！」

就這麼背負著沉重的罪咎感，直到北一女高一時，有天跟我最要好的朋友談心。她真誠的讚許我是個可愛的好女孩時，不知怎地，這深藏多年的祕密，我想都沒想就隨口道出：

「唉，妳不知道我的真面目啦！」

「什麼真面目？妳長江一號喔？」

好友還當我在開玩笑。

「我其實是個小偷！」

生平第一次，我跟人提起深埋多年的陰影。

「妳俠盜羅賓漢喔？偷什麼哩？」

終於，我哭著講述這件事情。

好友靜靜聽完，認真的跟我說：「夠了！當時妳還那麼小。這麼多年來的自責，你也算還清了。況且，當年你已經接受了處罰，不是嗎？」

我那優秀同學就這麼輕易地說服我原諒自己，讓我相信自己其實仍是個好孩子的。

以前我所接受的教育，強調的是「一失足成千古恨」，卻沒有教導我們如何面對錯誤，以及在犯錯之後，如何收拾自己的心情。然而，每個小孩都無可避免的會犯錯。這些錯誤在大人看來常只是小奸小惡，小孩卻覺得是天大的壞事。擔心讓大人失望，自責且難以面對，甚至逃避、撒謊，那份巨大的恐懼是相當磨人的。

因著這份慘淡的童年回憶，我心底默默立誓，日後或有機會面對那些來到我跟前的犯錯小孩，我一定要告訴他們：「犯錯並沒有想像中可怕，只要坦誠面對，修正錯誤，你絕對還是個好孩子的。」

也因此，當我在台大圖館系就讀，接觸到「兒童圖書館學」時，會如此驚豔與仰慕了，心想著：如果我小時候能有間兒童圖書館，該有多好呀。滿屋子的書，愛怎麼讀，就怎麼讀。讀不夠，還可以借回家。這根本是天堂！我當下即立志要成為兒童圖書館員，盤算著有讀不完的書，又可以和小孩玩，還能夠賺錢，這根本是夢幻工作！

大學剛畢業時，我還真是如願進入一所私人兒童圖書館，開心地當起兒童圖書館員來。

一如我大學時代的夢想，我給小朋友講故事，介紹一些很棒的兒童讀物給他們。我想盡花樣，引誘他們來看書，玩得不亦樂乎。

可惜當時閱讀風氣未開，我的兒童圖書館撐不了一年，老闆就在不堪虧損的壓力下，宣布閉館。

之後，為了我這天真的夢想，我傻呼呼的家人還慷慨相助，成立了「小荳荳兒童圖書館」，結果也是可想而知，一年後便吹了熄燈號。

之後，有兩年的時間，我混跡在大人的世界裡討口飯吃，但總覺得少了那麼一份輕鬆、自在。

每每經過書店的童書區，看著小孩們端坐其間，捧著書的模樣，總叫我有一股衝動，想和他們一起分享手上的書，想告訴他們，還有什麼更棒的書，等著他們去看。

就是這份難以言喻的失落，我決定要想辦法再回到小朋友們身邊。

以前在兒童圖書館時，小朋友們最常掛在嘴邊的一句話就是：「我們老師說……」想想學校總有圖書館的，小朋友對老師又如此的心服口服，更重要的是，它絕對不會倒店，那可真是一個推廣閱讀的好地方！

於是，我很努力地丟履歷表，想進小學教書，也終於讓我如願以償。成了小學老師之後，我其實是以兒圖館員的心情，帶著學生一起分享一本又一本的書，而我的學生也回報我，一個又一個屬於他們的生命故事。

從來自各個不同家庭背景的孩子身上，我漸漸能領悟托爾斯泰在《安娜・卡列尼娜》所言：「幸福的家庭都是相似的，不幸的家庭各有各的不幸。」沒有什麼標準答案能解決生命給的不同功課。

國三時，在自己都搞不懂是怎麼回事的狀況下，我成了班上的獨行俠。

對於一個被孤立、嘲諷的孩子而言，校園根本是個噩夢之境。如果大家不喜歡你，那麼，你就只有等待和被選擇的分。

而為了擺脫孤立、隱忍委屈所付出的真心，只會換來絕情的嘲諷，更叫人傻瓜似的無所適從。

當時，我最怕的就是老師要大家自由分組。這個時候，我只能裝作滿不在乎的等人揀選，故作鎮定的期待著。

那段期間，我總得讓自己手邊有一本書。只有打開書頁，讓自己潛入其中，才能安頓自己那一顆不知所措的心。

當時我即深深體會到：書真是我最好的朋友，永遠忠誠、靜好的陪伴著我。

因此，當孩子在成長路上遇到挫折、困惑迷惘時，有些問題或許我可以幫忙解決；只是，我總有幫不上忙，使不上力的時刻。我所能夠做的，除了陪伴與傾聽之外，就是將和孩子面臨相似狀況的書中人介紹給他們，陪伴他們走這趟成長路了。

「閱讀」對我來說幾乎是一項信仰。回首自己的成長路，陪我一路渡過人生困境的，正是一本本的書。我深切體認，曾經讀過的每一本書，都在形塑現在的我。

成為老師之後，一本本的書又為我開啟我和孩子的對話，讓我有機會參與他們的生命故事，給予及時的陪伴與支持。

我想，是「閱讀」讓我成為更好的老師，也因此，我萬分期待將這份珍貴的人生禮物帶給我的學生。

這一本書裡的故事大都是我在教學現場的親身經歷。為了保護孩子的隱私，故事主角的名字和一些場景，我做了部分更動與調整；不過，在寫作期間和我有密切聯繫的愛徒何則文，則非常仗義的要求本色出演，他希望能為老師的書盡一份心力。

此外，在每個故事中，我會置入一些文本，除了呈現孩子和書本之間的交會所擦撞出的美麗火花之外；也希望藉此喚起讀者們閱讀的渴望，重新再給這些美好的讀本一個機會，再度翻開書頁。

感謝副總編輯張純玲小姐看見這些閱讀故事集結成書的可能性，並即時給予每個故事最真誠的回應與寫作建議，讓這本書有更棒的呈現樣貌。謹此致上最誠摯的謝意，沒有純玲就沒有這本書。

最後，當然要感謝我所有的學生們，謝謝你們一起成就這本書！

目錄

輯一 閱讀的初始，挫敗與感動

輯二　我在偏鄉，植下一顆顆閱讀種子

目錄

輯三　從不放棄，以閱讀翻轉人生

【序曲】我可能是最後抱他的人

我一直以為孩子的閱讀不該僅停駐在繪本，若要看得更深、望得更遠，我們仍得持續引領孩子在閱讀的密林中穿梭前行，朝向純文字的閱讀道路挺進，成為一位真正的讀者。

特別是偏鄉的孩子，他們需要的不過是位閱讀嚮導，我很期待自己能有機會帶領部落孩子，看到不一樣的文字風景。

終於，透過新象協會的安排，我有了一個帶領部落孩子讀書會的機會。但應該和那班四年級的小朋友聊什麼書呢？我閉上眼睛，那一本《傻狗溫迪客》[1]隨即浮上心頭。就是它了。

最後抱他的人

故事裡的小女孩歐寶，三歲時，媽媽就離家出走。十歲生日那天，她對爸爸說：「我不要什麼生日禮物，我只要你告訴我關於媽媽的十件事。我十歲了，一年一件事，這是我應得的。」

爸爸嘆了口氣，把小女孩抱上膝頭，開始跟她分享媽媽的十件事……小女孩把這十件事牢牢的記在心上，這樣她就可以在心裡有媽媽的樣子。

我知道那個班上也有幾位這樣的歐寶，他們會因為懂她而愛她的。

出發到那間山明水秀的湖畔小學之前，我心底懷抱著許多浪漫的想像。我要在他們學校那一間百萬圖書館裡，營造燈光美、氣氛佳的午後閱讀沙龍，我要讓他們見識閱讀也是可以很美麗的……

但事實狀況是，那班上的十七個孩子一踩上圖書館的木質地板後，才坐定沒兩分鐘，就舒服地爬過來、滾過去。我是抓了這個，跑了那個。整節課下來，光是管秩序就累壞我了。

我領悟到，在浪漫來臨之前，他們需要的是班級經營，是紀律、是靜下心來的能力。

那一堂課，我幾近狼狽地領著這群活蹦亂跳的孩子逃回教室，回到我最熟悉的場域。我想，我得先讓他們明白這課堂該遵循的遊戲規則，才有辦法把故事帶給他們。

但慢慢地，故事發揮了力量。

我們的午後閱讀沙龍漸漸長出了自己的對話，有了自己的樣子。

只不過，阿傑和小智這兩隻神奇寶貝，我實在難以收服。每每在帶領讀書會之前，總得先處理一下他倆的江湖恩怨，才能繼續上課。

特別是阿傑……可真讓我嘆為觀止。阿傑上課時永遠忙得不得了，一下子滿地找東西，一下子要喝水，一下子想上廁所……一刻不得閒，我必須要花很大的功夫，按捺住自己，先學著放下他，專注帶領班上的討論，最後，再回過頭與他溝通。

第一次，當我們要書寫關於印象最深刻的一件事時，阿傑咬著筆，趴在桌上，他耍賴著：「我不會寫。」

「你會寫。」我對他說。

「我不會寫。」他加重語氣。

「你會寫。」我們持續對峙。

我沒那麼容易放棄，我心底想。

「我不會寫。」又來。

於是，我問他：「那你會不會講話？」

「會。」他爽快地回答。

「會講，就會寫。你來講，我寫。」我說。

就這樣，我擔任阿傑的筆記祕書，每次總還是能生出一點東西來。

有一堂課，我們來到「力德莫斯洛丹」單元。那是什麼呢？「力德莫斯洛丹」是一種很神奇的糖果，剛吃下去的時候很甜蜜，可漸漸地，會感受到一股沒來由的悲傷，然後，伴隨著那股悲傷，有些事情就會湧上心頭。

為了那一堂課，我張羅了一罐「力德莫斯洛丹」，想與孩子們分享。孩子們很興奮地問我：「妳在哪裡買的？」

我沒打算回答，只告訴他們：「把糖果含在嘴裡，然後閉上眼睛品嘗，那件悲傷的事情就會浮現出來了。」

孩子們可配合演出了，一個個安安靜靜的寫下要跟我分享的心事，但阿傑照例還是要跟我來上一場「我不會寫」的戲碼。

「那你想不想吃力德莫斯洛丹？」我知道他愛吃的。

「想。」果不其然。

「那你就會寫。」

我把糖果塞到他嘴巴：「先閉上眼睛……慢慢想……好，告訴我，什麼事情浮上來了？」

「爸爸打媽媽。」他說。

我一陣心驚，但仍故作鎮定：「好，就寫下來。」

才五個字，「爸」也寫錯，「媽」也寫錯，連「打」都寫個兩邊出頭。然而這時候錯字已經不是重點了，我接著問他：「然後呢？」

「然後我就保護媽媽。」

我拍拍他的頭：「後來呢？」

「後來媽媽就離開我了。」

第一次，我看到阿傑軟弱的一面，我凝視著他泛著淚水的眼眶。

那一刻，我真心原諒了他所有在我課堂上的調皮搗蛋。若易地而處，我不覺得自己能有他那份剛強。

「你真勇敢。」我緊緊環抱了他一下，希望能將支持的力量傳遞給他。

阿傑當下的反應是倒抽一口氣，一副很緊繃的樣子，看來是很久沒人抱他了。

「你不要緊張嘛。」我拍拍他。

「噁心。」他靦腆的丟下這話，就忙著下課去了。

往後，我再去上課的時候，阿傑總會晃到我眼前，讓我摸摸他的頭，抱他一下。縱使他仍是坐不大住，但為了我倆之間的革命情感，他可是誠意十足，盡力讓屁股黏在椅子上。而且，偶爾心血來潮，他還會打賞我兩句感言，讓我開心地跟人炫耀：「阿傑也是會發言的。」

轉眼間，讀書會課程接近尾聲了，我對孩子們說：「如果你們願意寫一封信，告訴我這學期的讀書會，你喜歡嗎？我會很開心的。」

阿傑沒讓我失望，我真收到他的信了。

那信紙啊，可不是隨意從作業本上撕下來的，那一定是他費心張羅來的，粉紅色的、有可愛卡通圖案的紙上，塗了又寫、寫了又塗，而且好多字都很難的。

我開心地拿給新象的所有夥伴看，分享那個老是「我不會寫」的阿傑這封誠意十足的信。

我也立刻找出我最漂亮的信紙，認真地給阿傑回了封信，還送上一枝漂亮的卡通筆，聊報他給我的快樂時光。

我很慶幸及時回了那封信，就在那年的寒假，阿傑出事了。

阿傑爸爸因為長期失業，決意燒炭自殺，但是在那之前，爸爸先用農藥灌死了阿傑。

我接到電話時，腦子一片空白，感覺非常不真實：「這事情為什麼就這樣發生了？」

阿傑的家在半山腰的部落裡，還來不及圍上封鎖線，村裡的小孩已先一步衝向事故現場，目睹了阿傑離去時的模樣。新象社工決定盡快上山，安撫陪伴部落裡的其他孩子。

就在我要出發到部落前，陳醫師問我：「妳還好嗎？」

那一刻，我的眼淚終於掉了下來：「其實，我很疑惑，我不知道到底這閱讀在推動什麼？我覺得他沒有愛上閱讀啊！而且，他還不就這麼走了……」

陳醫師拍拍我：「其實，我們也並沒有要他們怎麼愛上閱讀。我們只是希望透過故事去陪伴他們。為了理解，為了尋求一個對話的空間。而且很重要的是，妳不覺得妳很有可能是最後抱他的那個人嗎？」

在那一段悲傷的時刻，《傻狗溫迪客》為我們開啟了不知該從何說起的對話，文學在當下成為一種語言。我們一起分享了關於阿傑的十件事，用這十件事把阿傑留在心上。

小智對我說，他很後悔老是對阿傑兇，成天找阿傑打架。

玉珍說，她真希望當初有借阿傑橡皮擦……

孩子們輪番訴說著對阿傑的不捨，追悔曾經的爭執、摩擦。

我只能借用《傻狗溫迪客》這本書上說的：「我們無法抓住任何想要遠走的東西，我們只能在擁有他的時候，愛他。」我告訴孩子，至少我們還有彼此，至少我們還來得及愛身旁的人，不是嗎？

維心對我說：「如果以後我再吃到『力德莫斯洛丹』，我想，我會想起的是阿傑。」

「我也是。」我淚如雨下。

二〇一六年十一月，我受邀在《天下雜誌》教育基金會的國際閱讀教育論壇上，發表以「一個故事，一個改變」為主題的閱讀教學現場故事。我思索了很久，阿傑再度浮現在我的腦海。

或許，我來不及改變阿傑什麼，但阿傑確實改變了我。

阿傑教我，即使是一個不碰書的小孩，但只要多陪陪他、跟他聊一聊，還是有機會讓他翻開書頁的；

阿傑教我，**不是每個孩子都有機會成長在書香環繞的環境，但無論出身貧富，所有的孩子都將來到公立學校老師的眼前，我們是提供給他們公平、正義機會的最後一道防線，我因之以身為公立學校的老師為榮**；

阿傑還教我，珍視每個來到我身邊的孩子，因為「我們無法抓住任何想要遠走的東西，我們只能在擁有他的時候，愛他」。

阿傑更讓新象決心提高社區服務的可近性。新象將部落半山腰閒置的分校教室重新整修，並以此為據點，由社工駐點在社區，定時、定點陪伴家長和孩子們。期望藉由這點半山腰上的閃閃微光，讓孩子在需要我們時，找得到求助的方向。

我以這場演講獻給阿傑，謝謝他教給我的功課，也希望我這幾年所做的努力，沒有讓他失望。

1《傻狗溫迪客》，凱特・狄卡密歐著，傅蓓蒂譯，台灣東方，二〇〇一。

輯一

閱讀的初始，挫敗與感動

這世上的傻瓜並不只我一個，我沒有那麼孤單。

窗邊的小妞妞

《窗邊的小荳荳》[1]中的小林宗作校長是我心目中最溫暖的大人典範，他對孩子的愛與寬容，和永遠一句「妳真的是個好孩子！」深深鼓勵了老是闖禍挨罵的小荳荳，帶給她無窮的力量。

我希望自己也可以成為那樣的大人，這是為什麼我的圖書館會以此命名[2]。我在「小荳荳兒童圖書館」和許多小讀者相遇，他們讓我更篤信閱讀的價值，特別是妞妞。

妞妞當時五歲，她家和圖書館就隔著條小巷弄，我永遠不會忘記她從我手上領過借書證時，我們倆有多開心。

那是我發出的第一張會員證，也是妞妞生平的第一張證件。

從此，妞妞每日學著掛工作證上班的爸爸，將圖書館證掛在胸前，好神氣。

常常，我才剛到圖書館，掏出鑰匙，準備開門，她已經從對面二樓「姊姊，姊姊……」一路喊下來。

妞妞是家裡唯一的孩子。還沒上學的她，常常和我在圖書館一待就是大半天。妞妞找書看，或當我的小幫手，像個貼身隨扈似的，老是跟前跟後。

我也樂得有她為伴，以免成天看著空蕩蕩的圖書館心慌。

妞妞的房間正對著圖書館窗口，午睡時分，我們倆常隔窗對望，總是又擠眉弄眼，又打手語的玩上好一會兒，她才甘心睡覺。

我常想，這圖書館名字根本就是為她取的，窗口邊的小妞妞。

《朗讀手冊》[3]裡有一位叫德瑞克的男孩，在他五歲上幼兒園前，已經聽了上千本的圖畫書，比起那些不曾有過閱讀經驗的孩子，德瑞克擁有了更豐富的字彙、更持久的專注力。

在德瑞克媽媽送他進教室前，他已經為學習做好了準備，而且意願十足。

而德瑞克媽媽所需要的，不過是一張圖書館借閱證，以及願意為孩子的將來付出時間與心血的決心，這項投資，一天只要十五分鐘。任何投資的回報都比不上在閱讀上的投資報酬。

為了回報妞妞的熱情，也為了見證閱讀的投資效益，我立志也要讓妞妞成為另一位德瑞克。

在圖書館裡，我總鼓勵妞妞自己選書。選什麼書都好，我都不干涉。喜歡或不喜歡應該由妞妞決定，而不是我。

只有放手讓妞妞自己去尋找，她才能發現自己真正有興趣的東西。

不過，從妞妞的借閱紀錄裡，我發現她特別喜歡植物類的書。

妞妞常常抱著各類植物圖鑑、圖畫書，追著我問，這是什麼字，那是什麼字。

我常懷疑她真看得懂嗎？

有一天，妞妞和我上街買東西。雨後的街道，空氣中傳來陣陣的樹木清香。

「哇……這樹木好香喔。」我說。

「姊姊，這是樟樹。」妞妞很認真地回應我。

「是喔，妳怎麼知道？」

除了椰子樹和榕樹我認得之外，其他的樹，對我來說，都一律叫做「樹木」。

「書上有啊……就我們圖書館的書。」

原來，妞妞還真把書看下去，而且還看懂了呢。

還有一次，我們圖書館在公園辦活動。我看見草叢裡開著的紫紅色小花，不禁讚嘆：「這野花真漂亮！」

「姊姊，這是紫花地丁！」妞妞一副學者樣的回答我。

「野花還有名字喔？」而且還是這麼有學問的名字。

「就是《紫花地丁與螞蟻》[4]那本書裡的紫花地丁。」

妞妞還引經據典呢，我真是受教了。

我一回到圖書館，立刻翻出這本書。真的，那草叢裡的小野花和書裡的紫花地丁長得一個模樣。

我對妞妞的好記性佩服不已，心想，一個偉大的植物學家即將誕生在「小荳荳兒童圖書館」了，或許我這位館長也得準備一下日後被採訪時的感言。

因為妞妞，我更確認了圖書館是個值得我投注心力的地方。

妞妞讓我知道，當一個小孩對一門學問產生興趣後，我們大人能教他的其實並不多。唯一能做的，就是給他一座圖書館了，讓其中應有盡有的各式圖書，給予最厚實的閱讀支援，滿足孩子無盡的求知欲和好奇心。

為了回報妞妞教我的花花草草的知識，只要圖書館一進任何與植物相關的書，我一定第一個拿給妞妞看。

我真心希望妞妞能在圖書館獲得滿滿的滋養，為她日後的學習做好最充分的準備。只是，我縱使盡了洪荒之力，依然擋不住市場的考驗。一年之後，還是賠盡資產，不得不選擇黯然閉館。

消息傳出，妞妞抱著她的小撲滿，要來救助她可憐的圖書館姊姊。

我看著她企盼的眼神、滿滿的心意，不禁紅了眼眶。

小妞妞，妳一定要繼續讓圖書館陪著妳長大。科技一日千里，而人生的路好長，就算身旁的大人再怎麼有學問，也無法帶妳認識日後將要生活的世界。但是，圖書館可以。

校園生活會有終結的一天，而圖書館會永遠在那兒等著妳造訪。期待妳隨時在圖書館裡，尋獲面對每一個人生階段所需的生活智慧。

至此，我終於結束我那天真的兒童圖書館員夢想，甚至有兩年的時光，我不願意再碰觸任何與「兒童閱讀」有關的議題，連逛書店，我都會刻意避開童書區，免得觸景傷情。

幾年後，梅格・萊恩的《電子情書》電影上映，女主角的童書店「The Shop Around the Corner」吹了熄燈號之後，她悵然若失的坐在連鎖書店童書區的模樣，根本就是當年的我……這部電影帶給我挺大的安慰，彷彿在告訴我，這世上的傻瓜並不只我一個，我其實沒有那麼孤單的。

1《窗邊的小荳荳》，黑柳徹子著，王蘊潔譯，親子天下，二〇一五。

2許慧貞曾經在一九九二至一九九三年時，擔任「小荳荳兒童圖書館」總企劃，而「小荳荳兒童圖書館」由親友出資成立。

3《朗讀手冊》，吉姆·崔利斯著，沙永玲譯，天衛文化，二〇一五。

4《紫花地丁與螞蟻》，矢間芳子著，黃郁文譯，信誼基金會，二〇〇四。

寫給媽媽的信

「小荳荳兒童圖書館」結束之後，我想方設法地期盼再回到小朋友們身邊，和他們一起分享閱讀的美好。終於，一所陽明山下的私立小學收容了我。

在那兒，我迎來了第一批導師班的學生。他們包容我這新手老師的青澀、傻氣，給予我滿滿的信任與愛。是他們讓我體會到教師這份工作的美好，尤其是那有著一雙無辜大眼睛的書懷。

見面的第一天，書懷是爸爸送進教室的。個子小小的他，三步併作兩步，急急切切地跟在高大魁梧、一臉嚴肅的老爸身旁。

書懷一雙大眼睛怯生生的，他不敢直視我，一副可憐兮兮的模樣。

書懷的爸爸上下打量著我這菜鳥老師，他語重心長的對我諄諄闡述他的教子理念：該嚴格則嚴格、需要打就打、小孩寵不得……就在書懷的爸爸發表高見同時，只見書懷在一旁惴惴不安地扯著衣角。

書懷不知所措地盯著地板，恨不得找個地洞鑽進去似的。

接著，重點來了：「老師，有一件事情，請你務必幫我留意。他那個不負責任的媽媽，明明就不要他了，非得跟我離婚，還三不五時的想來學校找他。妳可千萬要看著書懷上校車才行，要是又讓他媽媽跟他夾纏不清的話，我可是會翻臉的。」

這一番話聽得我心驚膽顫。

看著書懷淚眼汪汪的無辜模樣，我心底油然生起一股惻隱之情。

我不知道書懷媽媽怎麼了，但我知道我一定要多愛他一些，補上他媽媽那一份。

從書懷低年級老師那兒聽來的狀況是，書懷爸爸在家是一位暴君，奉行「不打不成器」的教子信念，偏偏書懷動作又慢，領悟力也差，所以挨打幾成家常便飯。

書懷的媽媽護子心切，常因此與書懷爸爸起衝突，後來甚至連自己也保不住，一起挨打。

離婚後，媽媽對書懷更是萬般牽掛，但爸爸不讓見，她只好來學校探望。但這件事讓書懷爸爸知道後，他跑來學校大吵一頓，揚言提告。校方只好拒媽媽於門外，不讓探視。

這真是一個傷心的故事。對一個才八歲的孩子來說，也未免太沉重了。

我好捨不得書懷。

書懷的個子小，座位在第一排，上課挺專注、可愛的。書懷的眼睛總是晶亮晶亮地隨著我打轉，只要讚美他一句，他就樂得笑開懷。

下課時，書懷還會蹭到我跟前，有意無意地回顧一下剛剛的精采表現，總是讓我再加碼一句：「喔……你怎麼這麼棒啊！」等領到這句話後，書懷才心滿意足地開心下課去。

不過，書懷的數學領悟力確實慢了些。常常才剛教完的例題，習作時，書懷還是轉不過來。總是教了忘，忘了再教，讓我都好想直接幫他寫功課。

縱使如此，我絕對肯定書懷不是不用心，他只是還沒開竅，而且看他誠意十足努力和數學奮戰的模樣，我一點都不忍心苛責他。

「慢慢來，跟自己比。一天只要進步一點點，累積起來就會有好多點。你一定會愈來愈棒。」

話雖如此，我每天還是急著趕在放學之前，幫書懷一起完成數學習作，要不然讓他老爸陪寫數學的下場，只怕書懷的小腦袋瓜會給越敲越傻。

有一天，放學時分，我帶著路隊往校車方向前進。

突然，書懷抓緊我的手，「是媽媽耶！」書懷急切地指向校門口。

只見校門外站著一位優雅的女士，朝著書懷不斷地揮手。

「媽媽！媽媽！」書懷也揚著小手喊著。

那一刻，我多麼想帶著書懷繞過校車，去給媽媽抱一抱。只是，當年的我還那麼菜、那麼怕事，只敢把書懷直接往車上送……

看著校車上的書懷，眼巴巴的趴在車窗上，望著近在咫尺，卻彷若天涯的媽媽，我真的好氣我自己，為什麼就這麼不勇敢，要幫著那些奇怪的大人欺負小孩子。

一個才八歲的小孩，要多辛苦，才能斷了對媽媽的念想。

「你知道的，當一個人很難過的時候，就會特別喜歡看落日。」《小王子》[1]凝視夕陽的經典畫面躍然眼前。那一天放學，我開著車直奔淡水——在這個時候，我需要落日。

我也很希望能帶上書懷，這憂鬱的小人兒，讓夕陽療癒他的悲傷，但我卻無能為力。

母親節前夕，我應景的帶領孩子給媽媽做張卡片，感謝媽媽平日的辛勞照護。對於媽媽不在身邊的孩子，我也會鼓勵他們寫給主要照護者，例如爸爸、奶奶、姑姑、阿姨……因為他們得一肩挑起更多的責任，同時扮演著媽媽的角色。

就在大夥兒抓緊時間，忙著趕在課程時間內完成卡片時，只見書懷歪著頭，咬著筆桿，他呆了好半晌，沒有任何動手做的意思。

「要不要寫給爸爸？爸爸平時照顧你，好辛苦的。」我在書懷身旁，悄聲問。

「我想寫給媽媽。」

「沒關係，那就寫吧！」

書懷眼眶盈滿淚水地看著我。

抒發一下對媽媽的想念，又有何不可。

「可是，媽媽又看不到……」

然後，書懷就趴在桌上，哭得好傷心。

我暫時把書懷帶出教室。我抱抱書懷，讓他先緩一下情緒。

「這樣好了，老師幫你寄給媽媽，那麼，媽媽就可以看到你寫的信了。」

我想到學生的學籍資料上，應該可以找到媽媽的聯絡資料。

「真的嗎？」

書懷哽咽地問著我。

「保證。」

我一定使命必達。

收拾好眼淚的書懷，回到座位，開始認真地又寫又畫。

書懷順利在時間內完成他的母親節卡片，很慎重地交付給我。

手裡握著這封心意滿滿、文圖並茂的卡片，我深覺自己的責任重大。

寄上卡片的同時，我也隨手附上一封信。信裡簡述書懷在班上的好表現，我相信媽媽一定也很想知道的。

信寄出後不久，我們收到回信了。沒錯，是我們，連我都有一封呢！

我那封信是外公寫的，是用毛筆字，端端整整的寫在十行紙上。情真意摯地表達對我的感謝之意。

那一整天，書懷下課就捧著媽媽的信，他一看再看，看了又看，一整個開心得不得了。

放學時，書懷小心翼翼地把信託付給我：「老師，妳幫我保管。」

我愣了一下，這麼寶貝的信，怎麼捨得託給我保管。

「要是爸爸看到這封信，我就完蛋了。」

是誰說書懷反應慢的？他的考慮可真周全，連我都沒想到呢！這封信若是帶回家去讓爸爸看見了，別說書懷倒楣，連老師我也要跟著遭殃的。

媽媽和外公的信，成了我和書懷間的小祕密。

每天一早上學，書懷一定會先晃到我身旁，我則裝作一副若無其事的模樣，但其實卻像ＦＢＩ探員，交代特務訊息似的，把信交給書懷，讓書懷媽媽陪他上一天課；放學時，書懷再依循同樣的模式，把信交回給我保管。

我們倆都清楚，這封信若曝了光，我們的日子大概都不會太好過。

我們也算是在同一條船上的隊友了，因此培養了堅實的革命情感。

書懷總是會特別照顧我的生活起居，像是幫我收發作業、整理桌面、倒水、洗碗、找那些我總是忘了放到哪兒去的東西……書懷無微不至，小管家似的，遠遠超過我所為他做的。

在擔任書懷導師的那兩年時光，我初任教師，或許滿腔熱血，但不可諱言的，我確實是傻氣十足，各方面都有很大的改進空間。

書懷在我最需要鼓勵的時候，賦予我全心的信任和毫不保留的愛，縱使挫折不斷，讓我仍願意相信自己一定可以成為一位更好的老師。因著這一點，我會永遠在心上，給書懷保留一個位置。

謝謝書懷，讓我領會到師生間可以有的真摯情誼，鼓舞我持續行走在教學的道路上。

1《小王子》，安東尼・聖修伯里著，墨丸譯，漫遊者文化，二〇一四。

是他讓我堅持當老師

先說在前頭，我永遠感謝那一所願意聆聽我的夢想，並且給我任教機會的私立小學。如果沒有他們為我開啟這扇門，我真不知道該如何入行。

而曾經，我真心打算要為這一所學校竭盡所能、全力以赴，一生懸命地奉獻、終老在這個工作崗位上，只是，當時的我，還太年輕吧，天真的認定學校就應該是一個單純的學習場域，而學習因著每個孩子的特質不同，很多時候，我們需要的是各種不同的嘗試與等待。

然而，我未能認清的是私立學校其實就是私人企業，有其「績效」考量，而成績是判讀績效的根本法則，孩子的成績幾乎等於其個人價值。

如此成績至上、一切講求效率的功利環境，再加上私校「以客為尊」的服務業特質，對家長社經地位難免有大小眼的差別待遇，因此衍生出許多讓我頗不以為然的現象。

置身其中，我彷若夏目漱石筆下的那位江戶少爺[1]，在與世俗大人和體制正面交鋒時，備感不解與受挫。

「仔細想想世上大部分人，好像都在獎勵為非作歹，好像都相信不學壞就不會在社會上功成名就。偶爾遇到一兩個正直的、純真的，就輕蔑地混說人家少爺，說人家少不更事。」江戶少爺的一番觀察心得，多少道出我當時的心聲。

還好在那段充滿疑惑的日子裡，有我那位皮蛋大哥為伴。皮蛋適時的讓我看見，即使在重重束縛之下，也可以保有的寬心自在。

而我們倆也算是患難之交了，皮蛋是一天到晚在校園裡闖禍，我則是三不五時就得和主任喝杯咖啡。

我們兩位少爺經常在狀況外，永遠走不到政治正確的那一邊。

皮蛋活脫脫是《湯姆歷險記》[2]裡走出來的頑皮湯姆。臉頰上的小雀斑，每一顆都活跳跳地在跟我宣告他的古靈精怪。

皮蛋像湯姆一樣天真可愛，但他的調皮、貪玩和一肚子鬼主意，對於講究各項比賽（舉凡禮貌、秩序、整潔、課業……等各種想得出名堂的比賽）的私校而言，實在不是什麼令人欣賞的好素質。

我也永遠猜不透皮蛋又會搞出什麼新花樣，讓我去收拾、善後。

記得剛接任三年級導師的第一天，我正忙著處理級務，即見糾察大哥押解著一臉天真無辜的孩子來見我，罪名是「在溜滑梯上逆向行駛」。

那是皮蛋送給我的第一份見面禮，往後還有更多令我應接不暇的狀況。

班級法庭開庭時，皮蛋幾乎是無役不與的被告；糾察隊來訪時，扣分名單也必定少不了他；作業拖欠嚴重，逼使我得為皮蛋延聘一位祕書，專責處理他的龐大業務……但面對這一切，皮蛋卻能應付自如。前一秒，皮蛋還淚眼濛濛、羞愧難當的模樣，但下課鐘一打，皮蛋即刻呼朋引伴玩耍去，一點也不浪費下課時間。

有一回上課，皮蛋臨座的孩子忙著做「地下工作」，沒能專心上課。於是，我暫停講課，犀利地凝視著那位地下工作者，然後很酷地說了聲：「站起來！」結果真正的嫌犯仍然泰然自若地忙著，反倒是皮蛋大哥一臉羞愧地站起來了。

我問他，為什麼站起來。

皮蛋也答不出個所以然。

原來皮蛋只覺得壞事總少不了他那一份。他先站著，準沒錯。

雖然皮蛋老愛闖禍，但他其實是一個很貼心、可愛的孩子。

有一回，我剛被主任約談完回教室，身心俱疲的坐在位子上發呆。皮蛋注意到了，他居然罕見地把珍貴的下課時間耗費在我身上：「老師，妳心情不好喔？」

「是不大好。問你喔，你心情不好的時候，怎麼辦？」我這是病急亂投醫了，連皮蛋都成了我的諮詢對象。

皮蛋歪著頭，想了一想，很認真地對我說：「每一次我被處罰，心情不好的時候，我就會讓自己想一些快樂的事。一下子就不難過了。」

原來如此。難怪他老兄成天嘻嘻哈哈，煩惱總上不了他的身。

以皮蛋這等學習態度，可想而知，他的學業成績不會太好看。

在私立小學裡，班級的考試成績即等於老師的業績。在五花八門、各項名目的考試中（月考、抽考、競試……），樣樣都得排名。

成績不好的孩子，總會被譏諷為「拉拉隊」。意思是拖垮班級榮譽的害人精，往往落得老師不疼、同學也不愛的下場。

皮蛋不想老做「拉拉隊」隊員，於是鋌而走險，以身試法。在某一回考試時，皮蛋偷看別人的答案，被逮個正著。

就在皮蛋被請到台前，訓得一把鼻涕一把眼淚時，突然，他卻舉起手來，萬分委屈地跟我投訴：「老師，胖子一直在台下做怪動作，我都快笑出來了。」

在如此悲壯的時刻，皮蛋也能讓人給逗笑。我真是服了他。

皮蛋縱使在學校沒少挨罵，但他每天上學都還是滿快樂的。

我還記得暑期輔修上課的第一天，皮蛋不斷地跟我預告八月中旬是他的生日，他要請老師和全班同學吃糖果。

好不容易，皮蛋盼望的日子終於到來，但那一天卻遲遲不見他進教室。

我撥皮蛋家電話，皮蛋的媽媽說皮蛋拉肚子，晚點才能上學。

「才半天課而已，要不要乾脆在家好好休息？」我提出建議。

暑假嘛，不用這麼精實啊。

「他不肯耶。他一定要去。」是有沒有這麼感人?如此上進。

十一點半時,蒼白的皮蛋果真提著兩桶糖果出現在教室門口。大夥兒為他唱生日快樂歌、吃糖果,但才一會兒,十二點的下課鐘就響了,皮蛋這才高高興興、心滿意足地提著空桶子放學去。

半個小時來去匆匆,這是我見過最勤學感人的一次上課紀錄。

皮蛋的樂觀、開朗,某種程度啟發了我。

當時,因為私立小學過度要求學生成績,甚至衍生出老師為求分數,不惜造假的事,讓我相當不以為然;此外,看著某些大人成天盡向權勢鞠躬哈腰,都忘了怎麼挺直腰桿做人的模樣,也叫我倒盡胃口。

這一切,不斷地挑戰我的價值觀,我甚至懷疑自己如此努力的闖進教育界,到底是為何而戰。

那時候,皮蛋堅心快樂,不為挫敗所擾的態度,讓我想起《倚天屠龍記》[3]裡,習煉九陽真經的張無忌:「他強由他強,清風拂山崗;他橫任他橫,明月照大江。」縱使滅絕師太再怎麼強橫兇惡,張無忌也盡當是清風拂山,明月映江。雖加諸於身,卻不為所動。

怎麼皮蛋就能如此不動如山的堅持快樂著，我卻這麼容易隨之起舞，動輒懷疑自己的人生信念呢？

在私立小學任教的那幾年，我不僅缺乏教學經驗，更少了社會歷練。對大人世界的那一套人情世故，也相當不耐煩。

我總以為對就是對，錯就是錯，由不得中間模糊地帶。但到頭來，我真的是疲累至極。

陶淵明的〈歸去來辭〉總是不經意地襲上我的心頭：「歸去來兮！田園將蕪胡不歸？既自以心為形役，奚惆悵而獨悲？悟已往之不諫，知來者之可追；實迷途其未遠，覺今是而昨非。」

我確知自己喜歡教書，但眼下的環境似乎容不得我。我後來下定決心，是該告別的時候了。

《少爺》故事的最後，主角選擇大打一架後帥氣轉身離去的瀟灑身影，可讓我仰慕了，真是大快人心啊……有時候，人生能這麼任性一次，也真是非常過癮。

但放心，我並沒去找人打架。我反倒很上進地重啃那些荒廢多年的國數史地理化。我決心拿下教師資格，以換取自在、從容的教學空間。

離開私立小學那一年的教師節，我收到皮蛋寄來的卡片。看著上頭歪歪斜斜的字。那些年，皮蛋老讓糾察隊追著滿校園跑的頑皮模樣，再度浮現眼前。

想著不愛寫字的皮蛋，願意勉強自己，寫下對老師的滿滿祝福，就覺得好是暖心。

因為皮蛋，我真心覺得老師是一份很有意思的工作。即使在那一段充滿困惑的日子裡，皮蛋仍然帶給我許多歡樂。是他讓我堅持下來的，這個功勞，我一定得歸給他。

1《少爺》，夏目漱石著，吳季倫譯，野人，二〇一五。
2《湯姆歷險記》，馬克・吐溫著，王夢梅譯，台灣東方，二〇一八。
3《倚天屠龍記》，金庸著，遠流，二〇〇五。

小小哲學家

在歷經私立小學精實的震撼教育之後，我終於通過重重考驗，來到台北市龍安國小任教。

在公立學校，終於不再有長官隨時拿著計分板，出現在教室後頭，以批判性十足的眼光，盯得我不知所措，也不再有考不完的競試、比不完的成績排名和應接不暇的活動……在公立學校，我連呼吸到的空氣都是自由的。

就是這裡了——我的兒童圖書館員夢想可以實踐的地方。

學校會分配給我三十五個小朋友，他們都將是我的小會員。我不僅可以實踐夢想，還可以領薪水。天底下怎麼會有這等好事，而且還讓我碰上。

出任公校教師之初，我連作夢都會笑。

龍安國小的學風向來自由，孩子們的想法自然也是天馬行空。而在閱讀的加持之下，孩子們的視野更顯得天真開闊，也有趣極了。特別是平哥，他讓我真實的體認到：閱讀之前，人人平等。在一本書之前，不論是老師或學生，我們都只是讀者，各自因人生際遇的不同，而有不同的領悟、不同的精采。

平哥的閱讀想法總有其獨特的面向，常叫我拍案叫絕，也總帶給我不一樣的省思。平哥六年級時才來到我的班級，他之前與教授爸爸在紐西蘭生活了一年。平哥相當聰明，很有自己的個性，但也十分感性。

和平哥一起上數學討論課，非常有趣。因為平哥總有與眾不同的觀點，讓觀課的教授驚豔不已。

但這個聰明得不得了的孩子，數學卻總是只考三、四十分。因為平哥十分不耐煩那些計算機就能處理的習算；對課本習作裡的「白癡布題」更是嗤之以鼻。

例如，平哥會問：「老師，妳不覺得這題目很有事嗎？什麼媽媽每天喝1/2杯牛奶、爸爸喝3/4杯牛奶、哥哥喝2/3杯牛奶、全家人一天喝幾杯牛奶？是有人這樣喝牛奶的嗎？」

平哥的問題，還真的讓我無言以對。

「你說得挺有道理，但那不是重點，重點是要看你會不會運用分數的四則運算。」

我很勉強地提出一番辯駁。

「這種題目根本是在浪費生命。我才不想陪它玩。」

然後，平哥很瀟灑地撥一下頭髮，睥睨地看著我。

向平哥的爸爸投訴，有用嗎？

平爸卻覺得兒子說得挺有道理，也就由著他。

我想，爸爸都沒意見了，我這老師為什麼要乾著急，且話說回來，以這傢伙的聰明才智，哪天要是想開了，用心起來，誰攔得住他呀。

倒是班上的閱讀計畫，我就沒給平哥糊弄的空間了，那可是我的專業，一步都不讓。

不過，因為平哥六年級才加入，所以，我讓他隨意選讀班書，但一樣得兩周提交一篇閱讀報告。

「可是，我的字有點不上相，用打字的，可以嗎？」

平哥居然沒有一點掙扎就爽快同意，還真讓我受寵若驚。

我本來想應該免不了一場唇槍舌戰，我都做好萬全準備了。

平哥交來的第一篇報告，是關於《乞丐王子》[1]那本書，但閱讀報告只有一行。

全文如下：「我覺得對湯姆來說其實還不錯對王子來說就一點也不好了」

竟然一個標點符號也沒有，但平哥倒是給讀書報告，下了一個很不錯的標題：〈It's Time To Read〉，所以，我還是收下這份報告，並且把它張貼在學生的作品展示區。

這下，平哥緊張了。

「老師，這作品展示區就該貼寫得好的。我這……就不必了吧？」

當時平哥自認為走桃花運，班上十五個女生，他就喜歡了八個。在展示區貼上這一份作品，平哥擔心影響形象，面子上掛不住。

「可是，你也知道，所有人的作品都得貼上。如果缺你一張，顯得你有特權，這樣好嗎？」

我知道平哥就恨特權，提出這說項，肯定讓他無話可說。為了捍衛自己的名譽，平哥決心拚了。

平哥的閱讀心得總是有他獨特的想法，更重要的是，他絕對誠實，從不寫應酬話，例如：

「寶玉知道黛玉沒有玉後，就把他的玉丟掉，這真是太浪費了。就算不是什麼好東西，也可以拿去賣呀！」——《紅樓夢》[2]

「為什麼一個和尚去印度取經，會被人掰成這樣？還有，為什麼這唐三藏的徒弟裡，就沒一個是人？這樣走在街上，不會被當成妖怪殺掉嗎？」——《西遊記》[3]

「這本書有點像羅賓漢，劫富濟貧，聽起來好像很偉大，但難道有錢也是一種錯誤嗎？」——《黑箭》[4]

「這本書還算滿好看的，唯一有一個超級大缺點，就是它的結局也未免太完美了吧！看起來好像作者不知要寫些什麼的樣子。」——《少年龍船隊》[5]

酷吧！勇於批判、質疑。

常常平哥的作品一貼出來，孩子們立即迫不及待地圍上去，並且以平哥提出的觀點，來一場即席的讀書會。

有時孩子們辯得急了，還要叫上我，加入戰局。

同學們的熱情回饋，讓平哥成就感十足，也愈寫愈帶勁。

其實，平哥的讀書報告帶給我往後的學生很大的安全感。原來老師要的也沒太難。想什麼，寫什麼，不必闡述什麼大道理。只要依隨己心，將自己的讀後想法寫下來即可。

臨畢業前，我讓孩子們把所有的讀書報告集結成冊，再加上一篇自序，回顧這兩年來被老師「荼毒」的辛酸血淚史。

平哥給自己的書下的標題是一等一的：〈Read Over 2000〉。其中，自序更是看得我滿心歡喜：

「……回想剛來六7不久時，我們寫了一篇關於誠信的作文。當時我自認為走桃花運，所以靈感大發，寫了一篇〈愛情狂想曲〉（因為平哥認為文中的男主角不離不棄，合乎誠信原則），原本以為會很感人的，但後來卻成了爆笑劇。老師告訴我，我的經驗不夠、內涵也不足，才會變成這樣。現在又動起筆來寫文章，才發現我的文筆大有進步……老師讓我們看書、看影片，然後再和我們一起討論，聽聽其他人的想法，也把自己的想法和大家分享。現在，我們要畢業了，大家把這年來所有的讀書心得整理起來，做成了這本書，也讓這年來的辛苦耕耘，有了豐盈的收穫。」

這樣的平哥讓我放心。只要他願意讓書本持續陪伴他長大，他絕對有能力從中汲取滋潤生命的豐富養分。

但即將到來的國中生活，也不免讓我有點小小的擔心。平哥可以接受那一種唯分數是問的教育生態嗎？

畢業後的第一次同學會是在十一月間，很多的孩子下課後就直接過來。每個人除了鼓鼓的書包外，還外加一個滿滿講義的補習班提袋，但平哥的書包卻扁扁的，風吹來，還會飄。

「你很瀟灑喔，不用帶課本上學嗎？」我故作輕鬆地問。

「那些書有什麼好看的?!」平哥一貫的不屑。

「那考試怎麼辦？」我忍不住直下核心問題。

平哥卻雙手一攤。

「你的書包裝什麼？」

沒想到，就一本聯絡簿。

「可以看一下嗎？」平哥遞給我。

在聯絡簿裡的每日札記，平哥每天鍥而不捨地，與他的老師評析事理：「難道國中除了考試，就沒別的要緊事了嗎？」「我有考零分的自由，但也有不給人家知道的權利，憑什麼連名帶姓，公布所有人的成績？」「我考幾分，關別人什麼事。誰考第一名，又關我什麼事。除了分數，到底國中還剩什麼？」……

這一本聯絡簿看得我心裡好不捨。

平哥是得多辛苦，這樣與整個世界對抗。

「哲學家，現在還有沒有在閱讀呀？」平哥的問題，我一個都回答不了。我只好轉移話題。

平哥聳聳肩。

「要不要看看《麥田捕手》[6]？你很有主角人物的感覺呢！」

我想那一位憤青代表霍爾頓或許可以給平哥一些理解與慰藉。

後來，我輾轉得知，平哥轉學了。

導火線是平哥和老師吵架。

「你是阿拉伯人嗎？除了數字，你腦袋還有別的東西嗎？」

憑良心說，平哥形容得可真妙。

日後，當我讀到《刺蝟的優雅》[7]時，腦袋裡閃過的，即是平哥。

「他有著刺蝟的優雅，外表看起來全身都是刺，防守嚴密，可是我直覺他的內在也跟刺蝟一樣細緻。刺蝟這個小動物喜歡裝成懶散的模樣，特別愛好孤獨，而且非常非常的高雅。」

但願我這位「內在溫柔，外表尖銳」的愛徒，也能如同書中的優雅小刺蝟，學習在「永不」中追求「永遠」，追求屬於他生命中的優雅與美好。

因為他一直是我很掛心的孩子啊。

1《乞丐王子》，馬克・吐溫著，楊政和改寫，台灣東方，一九九九。
2《紅樓夢》，曹雪芹著，方寧之改寫，天衛文化，一九九六。
3《西遊記》，吳承恩著，黃慶雲改寫，天衛文化，一九九六。
4《黑箭》，史蒂文生著，陳佳穎改寫，天衛文化，二〇〇五。
5《少年龍船隊》，李潼著，小魯文化，二〇一八。
6《麥田捕手》，沙林傑著，施咸榮譯，麥田出版，二〇一一。
7《刺蝟的優雅》，妙莉葉・芭貝里著，陳春琴譯，商周，二〇一八。

搗蛋背後的悲傷

在我當了老師之後，為了更貼近我那一票「中二病」症頭嚴重的學生，我重讀了號稱憤青代表的沙林傑的《麥田捕手》[1]。《麥田捕手》的主角霍爾頓正是典型的中二少年。他在書中的一席話，真的是太感動我了。

「我總是會想像，有那麼一群小孩子在一大片麥田裡玩遊戲。成千上萬個小孩子，附近沒有一個人——沒有一個大人，我是說——除了我。我呢，就站在那混帳懸崖邊。我的職務就是在那裡守備，要是有個孩子往懸崖邊跑來，我就把他捉住——我是說孩子們都在狂奔，也不知道自己在往哪裡跑，我得從什麼地方出來，把他們捉住。我從早到晚就做這件事。我只想當個麥田捕手。我知道這有點異想天開，但我真正想做的就是這個。」

而何則文[2]，就是這麼一個我想在那懸崖邊抱住的孩子。

何則文有一點過動傾向。當他來到我班上的時候，總是東倒西歪地坐不大住，功課也是愛寫不寫。

特別是他寫的字哪，潦草程度直逼中毒的蚯蚓。筆畫七零八落，難以辨識，改得當時懷有身孕的我，都要擔心胎教不妙，想要他為我日後孩子寫的字負責。

何則文也絕對是我的作業欠繳大戶，因此，他常常享有我課後的ＶＩＰ特別服務。

不過，也多虧這一次又一次的課後約會，才讓我慢慢看見那隱藏在搞笑、搗蛋面具下的則文。

則文從小父母沒能陪伴身邊，雖然還有兩個未婚的姑姑為他張羅一切，但那一份難以言喻的失落，反倒讓他特別愛在班上耍寶、賣萌，以掩飾住隱約深藏在心底的悲傷。

則文讓我想起《人間失格》[3]裡的太宰治：「這是我對人類最後的求愛。儘管，對於人類，我滿懷怯懼，但卻如何也無法對人類死心。於是，我依靠著『搞笑』這一根細繩，維持住了與人類間的一絲聯繫。表面上，我強裝笑臉，可內心裡，卻是對人類拚死拚活地服務，汗流浹背地服務。」

每每看著則文賣力搞笑、耍寶的模樣，我都在心底禁不住，悄悄地跟他說：「真是辛苦你了，孩子。」

可以想見，以則文的躁動難安狀態，要完成表訂功課，就夠叫人傷透腦筋了，更何況是我的經典閱讀計畫。

但我真心以為，閱讀是為了所有的孩子而存在，絕不是三好學生的專屬精英課程，而那些還在閱讀門外徘徊的孩子，他們只是少了那麼一點入門的契機。

他們因為各式難看的教科書、參考書，而對「書」產生了極大的誤會。他們沒有機會，也並不曉得其實有許多精采、有趣的故事在書頁裡，正等著他們尋訪。

所以，我讓每一個孩子每天都得撥出二十分鐘的時間和文本相處。讓每本書都扎扎實實地跟在他們身邊兩周的時間，之後再提交一篇讀書報告。

我心底明白，則文對這兩周一次的讀書報告，有多麼不耐煩，但不妙的是，他的老師我，卻對這一份閱讀計畫，有著一股近乎偏執的堅持。

只要我判斷這孩子是讀得懂字，且沒有學習障礙。那麼，孩子就得讀。

就算是隨意翻翻書，敷衍我，我也甘心被騙。

因為我想至少在糊弄我的過程中，孩子得試著弄清楚這本書在說什麼，而說不定哪天因緣俱足了，這本書就會再度來到這孩子面前。

則文雖然學業成就不佳，但我心底清楚他是個聰明的孩子。則文絕對是糊弄我的高手，他總有本事翻翻前言、後記，就提出令我驚豔的獨到見解，特別是在讀書會的時候。

不過，剛開始他挺裝呆，眼神閃閃爍爍，就怕和我對上了，我要點他發言。

在經過一段時間的觀察後，我知道則文肯定能言善道，只是欠栽培罷了。

終於，有一天，我逮到一個則文肯定有興趣的議題，邀請他發表意見，而他果真隨口就謅出一番挺有意思的歪理，笑得我都要讚美他一句：「何則文，虧你想得出來。你可真是不鳴則已，一鳴驚人呀！」

而在那一刻，我瞥見則文在故作不在乎的神情底下，其實閃動著喜悅的光彩。

從此，則文成了我讀書會的發言主力。透過他時常中二得要命的另類觀點，總能為我們的討論，激起思辨的火花。

只要有則文在，我的讀書會就保證絕無冷場。

漸漸地，則文也開始願意相信我可以接受他的任何提問。則文的提問縱使叛逆，或許欠揍，但我確實樂意傾聽。

看著則文，我彷彿也看見曾經的自己，那個看什麼都不順眼的中二少女。

不過，有一次，為了交作業的事，我和則文又槓上了。

則文問我：「為什麼要讀書？為什麼要寫作業？就算給我上建中、台大，找到一個好工作，最後也是結婚、生子，然後老去，還不是要死掉。既然最後都是死，那幹嘛要做這些？我不知道生命有什麼意義。為什麼我們要做這些？」

真是大哉問。

這是個多麼難的命題呀，連他的老師我也還在追尋答案的旅途上，又如何給他什麼定論呢？

我誠實地對他說：「我也不知道呀！那是你的人生，你要自己去找到你人生的價值與意義，我不能給你答案。更何況，我自己都還在追尋自己的答案呢！所以，去看書吧。從閱讀中找到這些答案。找到屬於你的答案。」

從此，則文讀起書來甘願多了。

我也終於可以透過閱讀和對話，一本書又一本書，一次又一次的讀書會，讓則文看見自己的不凡，和追尋屬於自己生命答案的軌跡。

臨畢業之際，我以Margaret Wise Brown的*The Important Books*[4]一書，引導孩子去看見心中那個重要的自己。

我和這本書的緣分，始於大三的西洋兒童文學讀物課堂上。我還記得當時我隨便翻個幾頁就換書了。

因為我當時覺得這本書還真是奇怪，怎麼盡講些沒什麼的事情，但卻說那是重要的事，像是：

The Important thing about a spoon
is that you eat with it.

關於湯匙，重要的是
你拿它來吃東西。

It's like a little shovel
You hold it in your hand,
You can put it in your mouth,
It isn't flat,
It's hollow,
And it spoons things up.
But the important thing about a spoon is
that you can eat with it.

它像把小鏟子，
你把它握在手裡，
可以把它放進口中，
它不是平的，
有個凹洞，
可以把東西舀起來。
然而，關於湯匙重要的是
你可以拿它來吃東西。

這一段文字寫的不就是關於湯匙的本質。我當然知道湯匙可以拿來吃東西、長得像把小鏟子、能夠放進嘴巴裡……但為什麼這會是重要的事呢？對這本書，我真是充滿了疑問。

往後再看到這本書，是在十二年後的台北國際書展了。當時有一個外文兒童書店將這本書陳列在醒目的展示平枱上，還專文介紹了Margaret Wise Brown。

我很好奇一本出版超過五十年的作品，且作者都已經離世多年，卻還能在異國的書展大放光彩，肯定有其價值所在。

於是，我又拿起了這本書，仔細地讀過。

Brown以相同的語法，陸續提到了小雛菊、雪花、蘋果、天空等，而關鍵就在最後一頁了。

她說：

The Important thing about you
is that you are you.
It's true that you were a baby,
and you grew,
and now you are a child,
and you will grow,
into a man,
or into a woman.
But the important thing about you is

關於你，重要的是
你是你。
是的，你曾經是個小寶寶，
然後，你長大了，
現在，你是個小朋友，
你還會繼續長大，
成為一位男士，
或是一位女士。
然而，關於你重要的是

that you are you.

你是你。

這一段文字，看得我好感動，連帶地，之前那些看似稀鬆平常的事，也真的如同作者所說，是the important thing了。

Brown是如此懇切地告訴孩子：縱使看在他人眼裡，你是怎樣地不起眼，怎樣地理所當然，但你之所以成為你，這就是全世界最重要的事了。

我在課堂上和學生們分享這本書時，則文也如同我第一次看這本書的反應。「這有什麼？這樣的詩，我可以寫個十篇、八篇出來。」

但讀到最後一頁時，則文安靜了下來。

那句「But the important thing about you is that you are you.」似乎都鑽到他心底去了。看來，則文也領略到Brown真摯的心意。體認到做自己是多麼重要的一件事。

之後的延伸創作，則文寫下讓我感動得不得了的文字：

「星星堅持不讓陽光洗去他的光芒
就像我的個性一樣頑強

沒有人能阻止得了我該做的事
沒有人能改寫我的歷史
因為是我創造我的歷史
這就是我
永遠不變的事實」

在Brown安詳的字眼中，則文看到了那一份深摯的關懷與全然地了解，也找到了自己的一番領略。

這果真是「最重要的事」呀！

長大後的則文在一新創團隊負責人才戰略規劃與雇主品牌塑造。實在很難想像當年那個要他寫功課像要他命的小屁孩，已然長成一位瀟灑文青。

則文還常在個人部落格上關注政經局勢與文化歷史議題，書寫所見所思，甚至還出書論著，成為作家。

我為則文感到驕傲極了。只是，我兒子的字比起他當年的鬼畫符，也是不遑多讓了，這筆帳是不是該找則文算一算呢？

1《麥田捕手》，沙林傑著，施咸榮譯，麥田出版，二〇一一。

2 一九九〇年生於台北，前世界五百強企業人資整合行銷主管，現於一新創團隊負責人才戰略規劃與雇主品牌塑造。已出版《個人品牌》、《用地圖看懂東南亞經濟》、《別讓世界定義你》及《青年寫給青年的東協工作筆記》。

3《人間失格》，太宰治著，吳季倫譯，野人，二〇一六。

4 *The Important Books*，Margaret Wise Brow著，Harper Collins，一九四九。

「美麗的花兒　終有落下的時候」

國翔是班上的資優生，天資聰穎不說，他的腦袋彷彿內鍵有投資報酬率的計算功能，凡事講求CP值。

另外，國翔做起計畫來有條不紊。只要一鎖定目標，他必定按表操課，使命必達。

像國翔這樣的腦袋和性格，根本就是老天爺賞飯吃的考試高手。在以數字管理、績效掛帥的傳統教育氛圍下，想當然耳，他就是備受肯定的明星學生。

而在資優班的養成教育下，為了科展計畫或小論文寫作，往往需要大量查訪資料，因此，國翔的閱讀量自然不在話下。

只是，在我看來，國翔的閱讀就是缺少了些什麼。

如同張曉風在〈開卷和掩卷〉[1]文中所言，開卷而讀若僅是為了吸取資料，那只不過是把人變成「會走路的電腦光碟片」而已，並不能使我們摧心動容，使我們整個人變得文學化。

「掩卷長太息」才是「教書機」和「讀書機」辦不到的事情。

我在班級的閱讀經營，從來就不是建立在任何的功利目標之上，我並不敢說，當孩子愛上閱讀之後，課業、人際關係、能力、品德……必然就會因此有所長進。

閱讀對我來說，其實就是定位在「陪伴」。

曾經，熱愛古典音樂的台東縣利嘉國小張中元校長，在漫步於梅花盛開的繽紛校園時，即想著若能在微風輕拂的樹下，聆聽古典音樂，那該是多麼美好的一件事。張校長期待能將這一份美好帶給全校的孩子。

張校長的一片心意，感動了「鋼琴王子」陳冠宇。他慨然應允那場梅花盛宴。

當串串音符在雪白、繽紛的梅林間響起時，那動人的景象，深深烙印在現場每個人心上。從此，利嘉國小開展了「利卡夢・梅之宴」的古典音樂旅程。

如今，二十年過去了，這場音樂盛宴仍舊持續著。

在張校長的用心經營下，莫札特、貝多芬、舒伯特……陸續走進孩子的心中，成為孩子的「心靈之友」。

當被問到經營古典音樂教育最大的期盼時，張校長這麼回答：「如果你看到水泥工一邊工作，一邊聽古典音樂。我希望那是利嘉國小畢業的。」

我經營閱讀教學的心意，也是如此，我希望書本能成為孩子的「心靈之友」。因此，我期待國翔的閱讀能如同張曉風所言：既能因開卷而受益，亦能擁有掩卷一嘆的靈犀。

當國翔知道他的新任導師畢業於台大，是專業的選書高手時，他很期待。國翔心想，老師應該會選些讓他更有學問、更聰明的書。

但是，當我將所有的班書陳列出來，國翔興致勃勃地上前翻閱。

國翔卻拿起一本，就放下一本。每一本都不入國翔的眼。

國翔想，怎麼盡是一些沒什麼用的書。

「老師，不是聽說妳很會選書嗎？怎麼每一本都這麼難看？」

哇！來踢館了，是有沒有這麼直白的孩子呀？

「你看過沒？」

「一本都沒！」國翔一副很不屑的樣子。

「那麼，你就沒資格跟我說好不好看。你可以看完之後，再找我討論。我一定奉陪到底。」

國翔心不甘情不願地嘆了一口氣，然後勉強挑了一本《紅樓夢》[2]。

至少《紅樓夢》名列華文四大經典，我想對國翔的國語文能力，應該多少有點幫助吧。

在這之前，國翔讀的盡是知識類（所謂的Non-Fiction）圖書。國翔在資優班的課業繁重，可沒時間浪費生命在那一些沒有用的故事書上。但不巧的是，他遇上我這個老師，原則上只要閱讀能力沒問題，就得執行每日二十分鐘的班書閱讀任務，沒有任何轉圜空間。

縱使不情願，國翔還是老實啃下《紅樓夢》。

兩周後，到了應該交讀書報告的日子。

「老師，我沒寫讀書報告。我爸爸有寫聯絡本，你自己看。」

看國翔一副有人撐腰的囂張模樣，我馬上翻看他的聯絡本，只見他的博士老爸洋洋灑灑寫了三大點：

「基於以下三點理由，個人同意國翔不寫讀書報告：

一、國翔已確實完成閱讀，但以一個五年級的小孩心智能力，何能針對《紅樓夢》寫出報告？老師這份作業實有揠苗助長之嫌。

二、國翔說他無法書寫言不及義的讀書心得，我完全同意孩子的誠實以對，因此請老師不要為難他。

三、希望老師在選書上能夠考量國小生的能力，而非以個人品味為出發點。」

這內容真是看得我火冒三丈。盡是義正詞嚴的批評、指示，卻沒有一點溝通與探詢的意思。博士了不起呀，但我可沒打算就這樣放棄。

我決定先從國翔身上下手。

「你根本就沒讀書，所以藉口不寫報告，對不對？」

我得先確認一下國翔有沒有讀書。

「才不是，我有讀書。我是看不懂這本書要跟我說什麼道理。很無聊。」

「請問我有叫你寫什麼大道理嗎？隱含在《紅樓夢》裡的人生道理，甚至自成一門學問，號稱『紅學』，老師現在都未必能完全領會。你只不過是個五年級學生，就只要針對故事印象深刻的部分書寫，再給書中人寫一封信，是有為難你嗎？」

「我就覺得賈寶玉很愛哭。」

「那就寫這個呀。很誠實的小五男生想法，有何不可？」

「這個也行？不用寫大道理嗎？」

「我也怕你跟我說大道理啊。那是你的報告，寫你看到、想到的就好。你是資優生，這麼點小事，應該不成問題吧。」

結果，國翔只花了兩節下課就完成這篇心得了。

他在信裡把賈寶玉教訓了一頓：

「賈寶玉，你是個男生，卻成天混在女生堆裡，還動不動就哭，實在很丟我們男生的臉耶！你真該好好控制一下自己的情緒，這樣會讓人受不了你的。」

這就是小五男生看見的《紅樓夢》，有何不可？等他長大後，若有機會，藉由這一篇文字和當年的自己相遇，應該別有一番滋味與領悟吧。

接著，我得給他的博士老爸回一封信：

「國翔爸爸：

一、《紅樓夢》被廣泛認為是華文小說的經典之作，同時也是了解中華文化的入口，這應該是所有華人都應該認識的作品。有鑑於孩子日後未必有機會接觸原文版本，特別選了專家改寫的少年版，絕對適合小學生閱讀，並無揠苗助長之意。

二、如果您有詳閱我為孩子規劃的『閱讀計畫單』，當可發現我的選書，涵括中西古典文學、當代得獎作品、少年小說、傳記……且每一本書的作者都沒有重複。我希望孩子透過不同的文采來認識這個世界，絕非只顧及個人品味，請明鑑之，亦請家長尊重老師的選書專業。

三、國翔已在校完成報告，兩節下課輕鬆搞定，並沒有為難他，也請家長不要低估孩子潛力。」

很豪邁地寫完此信後，我即刻裝封、夾訂在聯絡本上，感覺很是爽快。

但真相是，我根本是個「俗辣」。國翔一放學，我就後悔了……

我其實很怕與家長起衝突，和家長作對，總沒什麼好下場。

當晚，我真有點坐立難安，直檢討著信裡這一段、那一段，應該別這麼寫。我也一直怪自己，孩子不讀、不寫就算了，沒事自找什麼麻煩。

只要電話鈴聲一響起，我就擔心是國翔爸爸打來興師問罪。

一整晚，我戰戰兢兢，白天的豪邁都不知道到哪兒去了，一整個沒用。

隔日一早，看見國翔，我還裝作一副若無其事的模樣：「爸爸昨晚有沒有說什麼？」

「沒有呀！就問我報告是不是在學校寫完了。」

我迫不及待地翻看國翔的聯絡本，只見國翔爸爸很有風度的回應：「謝謝老師。」

我吁了長長一口氣。

那一陣子，國翔很迷一個小學生的益智節目《小小大富翁》。他還興致勃勃地去報名，甄選參賽。

節目的遊戲規則是，若遇到不會的題目，參賽者可以使用「求救法」協助過關。「求救法」包含「刪去法」（刪除兩個錯誤的答案，只留下兩個答案擇一）、「Call Out」（指定親友提供答案），以及「Call In」（請觀眾提供答案）等三種求救方式。

一天下課，國翔和同學熱烈討論前一集的《小小大富翁》。

「呵呵呵，那個人好弱喔，都用『刪去法』了，還不知道《紅樓夢》又名《石頭記》，真好笑……」

「這位先生，你不是說我選的書都沒什麼用嗎？你如果沒看《紅樓夢》，也未必猜得到標準答案吧？」

我把握機會，提高一下閱讀在國翔心目中的CP值。

「也是啦！老師，我下周要去上節目，主辦單位要我填『Call Out』人選，我可以選妳嗎？」

「不要吧？選你老爸，他是博士。」這我可沒把握。

「拜託，他只會地理。妳閱讀比較多，知道的一定比我老爸多。」

為了讓國翔閱讀更心甘情願些，我心虛地答應了。

節目播出當晚，我如臨大敵。

我請來好幾位老師，以聚餐之名，齊聚電視機前，免得國翔「Call Out」時，壞了他的好事。

只可惜，智囊團還派不上用場，國翔就敗北了。

雖然為他覺得可惜，但憑良心說，我還真是鬆了一口氣。

還有一回，我們在討論一本書時，聊到愛子心切的爸媽，在考前為了幫孩子提神醒腦，總會買來一堆其實就是維他命丸的補品求心安。

「如果你們是藥商的話，會想給這補品取什麼名字？」我讓大家腦力激盪。

「我要叫它金頭腦TP918。」

國翔這答案，倒挺有意思。

「金頭腦我能理解，但TP918是怎麼回事？」

「就像《小王子》[3]那本書上說的：大人就只相信數字。而買藥的都是大人，所以我在藥名上加個數字，再配點英文，那大人一定覺得很厲害，就會想買了。」

果真是績效大師，我從不知道《小王子》這書能這樣派上用場。

「那TP918是怎麼來的？」

這英文、數字組合，總有點道理吧？

「我亂編的啦。TP是TAIPEI的縮寫，918就我的生日嘛。」

林海音的《城南舊事》[4]，特別是關維興插畫的版本，一直名列在我的高年級推薦書單中。

縱使時空背景是民國初年的老北京，對生長在現代台灣的孩子而言，似乎太過遙遠、陌生，但我仍然相信其中描繪的童年往事，所傳遞的純真善良和真摯情誼，是亙古不變的美麗價值。

國翔有這樣的觀點，我一點也不意外。說真話，我已經習慣他有話直說的耿直了。

但國翔對這本書的評論是這樣的：「你寫的這本書，內容很豐富，但是你的用詞可以再現代化一點嗎？這樣，很難讀懂啊！」

後來，班上有個孩子的媽媽過世了。我和孩子們分享心底的不捨，也鼓勵他們給同學寫封信，表達關切心意。

國翔送上來的信，標題寫著：「美麗的花兒　終有落下的時候」。國翔以此為出發點，情真意切地安慰著同學。

這讓我很驚豔，這也是我第一回見識到國翔的感性面。

我直誇他寫得太棒了，也問他：「你這想法是來自《城南舊事》的〈爸爸的花兒落了〉那一篇嗎？」

「對呀，我在給他寫信時，這篇文章自己就跳到我的腦子裡了。」國翔靦腆地跟我說。

我一直相信閱讀的力量，也深信書讀了，就在孩子心底了，大人就不必再去苦苦追究孩子從中學到什麼，能力檢測是否因此長進……人生好長，我們永遠不會知道因著什麼因緣，曾經讀的哪本書會跳出來幫我們一把。

閱讀的CP值難以量化，但我相信所有讀進去的文字，終將化為思想的一部分，潛伏在腦海裡。

在需要的時候跳出來，支持我們度過一個個人生關卡。

1〈開卷和掩卷〉出自《星星都已經到齊了》，張曉風著，九歌，二〇〇三。
2《紅樓夢》，曹雪芹著，方寧之改寫，小魯文化，一九九六。
3《小王子》，安東尼．聖修伯里著，墨丸譯，漫遊者文化，二〇一四。
4《城南舊事》，林海音著，關維興繪圖，格林文化，二〇〇〇。

校園裡的人類學家

小志在還沒進我的班級之前，就已經是大名鼎鼎。

編班在即，高年級導師群人心惶惶，據說即將升上來的學生中，有一位無法溝通的自閉症孩子。

這孩子上課不聽也就罷了，還動不動就情緒失控。亂摔東西、推打同學不過是稀鬆平常，有一回甚至在自然課時，把實驗器材都給砸爛，弄到校方要求他父親日後上自然課時，必須全程陪同，以策安全。

不可否認的，當主任決定將小志託付給我時，我其實挺惶恐。

「自閉症」對我來說既陌生又遙遠，我不知道自己有沒有能力教導小志。

那一年的暑假，為了即將到來的小志，我唯一能做的，就是閱讀各種自閉症的相關資料。雖是臨陣磨槍，但多少讓自己安心些。

原本，不大愛讀科普書的我，因為小志，不僅順利啃完《火星上的人類學家》[1]，而且還讀得很上心。

作者薩克斯是一位神經科醫師，他像個偵探似的，在有限的蛛絲馬跡中觀察、探詢、思考，為我們拼湊出自閉症患者的思維模式。

薩克斯醫師形容自閉症患者就像來到地球的火星人。他們體驗世界的方式，和我們截然不同。他們不善與人溝通，難以推斷言語背後的含意，也無法解讀身體語言所蘊含的信息。

但既然不小心住錯星球，火星人們也只能充當人類學家，努力學習如何和地球人相處。

這本書提供給我一個不錯的靈感：那麼，就讓我也來充當一下校園裡的人類學家，努力學習如何和我的小火星人相處吧。

見面的第一天，小志是爸爸送進教室的。

爸爸把小志推到我面前，催促著他：「說老師好。」

「老師好。」小志左顧右盼，和我沒有任何眼神接觸。

滿頭白髮的小志爸爸，對我述說著小志上學以來的辛酸史。

小志爸爸常常三天兩頭就被召喚來學校善後，還好之前拚經濟有成，在和小志媽媽商討之後，索性結束事業，提前退休，充當書僮，陪公子讀書。

「我都說自己是班上的36號（當時班上有三十五個孩子），常常得跟著在教室上課。」小志爸爸苦笑著說。

「真是辛苦你了。」

要照顧這樣一個可能永遠不會跟爸媽撒嬌、正常說話的孩子，需要耗費多大的心力呀，光是用想的就很心酸。

我期待自己可以幫得上忙。在這兩年裡，好好陪小志一段，學習與他同行。

「他爺爺常跟我說：『大隻雞慢啼，慢慢來，會愈來愈好的。』」看著小志爸爸離去時的疲憊身影，我的心底多麼希望能如他所願：一定要愈來愈好。

我利用小志去資源班上課的機會，跟班上的其他孩子介紹什麼是自閉症。

要孩子們想像一下，如果自己離鄉背井、孤伶伶去到另一顆星球，那該有多孤寂。

因此，我們得有更多的體諒與包容，一起幫助小志、照顧小志，讓他能安住在506（五年六班）這顆星球上。

剛開始，看似一切順利，至少在我眼皮底下，呈現一片天下太平的祥和氛圍。但小志仍時不時上演暴走戲碼。

我問小志怎麼回事。

「同學壞蛋！」

「怎麼壞蛋？」

「老師笨蛋！」

看小志罵得這麼豪邁，圍觀的孩子幸災樂禍地指著小志：「吼～吼～吼……」挑釁意味十足。

「白癡！智障！」有口難言的小志，氣得不知所云的罵著。

我一邊安撫小志，一邊想著：小志話說不了幾句，但為什麼滿口白癡笨蛋智障？這其中必有蹊蹺，我得找出箇中原因。

漸漸地，小女生會來告狀：「老師，大維他們都會趁妳不在的時候，故意去招惹小志。」

大維是家裡的獨生子，個性慷慨爽朗，就是天真到了極點，不大會設身處地為他人著想。

有一回，小志不小心碰到他，他一路雞貓子鬼叫的跑來找我：「老師，小志碰到我了。我會不會被他傳染，變成跟他一樣啊？」

本來很想開口糾正大維的我，看他一副真的擔心得不得了的模樣，我還是按捺住性子，向他解釋自閉症是怎麼回事，以及自閉症完全沒有傳染的可能性。

大維看似有聽沒有懂，只是一再地跟我確認：「真的不會傳染嗎？妳保證喔。」

我想，我得找個機會，好好和大維談一談了。

很快地，時機就到了。

那一天，我從教室後門進來。大維背對著我，兇巴巴地指著小志：「你白癡啦你，別以為有老師給你當靠山，就在那邊囂張。我才不怕你呢。」

同學跟他擠眉弄眼地暗示老師來了。

大維回頭看見我，當下一整個轉換成等著挨罵的慚愧模式。

我把大維帶到教室外頭，問他：「我不是跟你們說過小志的狀況，為什麼你要這樣說他？」

「可是他真的很像白癡呀！」還滿臉無辜樣哩。

「就算真是白癡，你這樣說，有沒有想過人家心裡會難過？」

「他還不是罵我白癡，我就不會難過。而且小志每次都在那邊耍老大，一生氣，我們就都得讓他。自閉症了不起啊？」

大維回答得理直氣壯，毫不掩飾情緒，更完全不覺得自己做錯了些什麼。

我定定看著他，心想就算罵他、罰他，恐怕只會招致他更欺負小志的反效果。大維需要一顆更柔軟的心，而且不只是大維，班上的孩子都是。

我想，就從班級讀書會開始吧！

我選擇了《讓高牆倒下吧》[2]。書中收錄的二十八個短篇故事中，有許多是以遭苦受難的可憐孩子為主角，但願這些故事能讓班上的孩子看見自己的幸運和幸福，進而長出更柔軟、寬容的心。

整整一個學期，我帶著孩子一篇篇閱讀，一篇篇討論。漸漸地，我看到問題癥結所在了。

大維絕非存心使壞，只是他來自太過安適的家庭。在父母周全的保護之下，完全不解人間疾苦，因此長不出一丁點同理心。

從討論〈車票〉一文時，大維深受打擊的模樣，即可見端倪。

「如果你是〈車票〉裡的窮苦媽媽，你會把孩子送到孤兒院去嗎？」我問大家。

「那可不行，如果別人欺負我的小孩，那怎麼辦？」大維率先回答。

「可是小孩留在身邊，你沒辦法好好照顧他，那又怎麼辦？」我追問。

「沒辦法照顧，就請保母啊！」大維回答得這麼理所當然，一副我很傻的樣子。

「請保母也要錢呀。」其他孩子幫我說話了。

「我保母就沒跟我收錢。」大維反駁。

「我想你保母是跟你爸媽收錢，而不是跟你收錢，好嗎？」

大維一臉難以置信地安靜下來，讓我不禁聯想這根本是現代版的晉惠帝：「何不食肉糜？」

下課時，大維很認真地再次跟我求證：「老師，那個……所有的保母都會收錢嗎？」

「我想這答案絕對是肯定的，但老師相信你的保母照顧你、愛你，絕不是因為金錢，而是因為你真的是個很可愛的孩子。」

看他如此天真，我還真有點兒罪惡感，似乎一下子把他從天堂拉入凡間，開始見識世道炎涼的人生功課。

隨著讀書會課程的推進，班上的孩子愈來愈能和小志融洽相處，甚至能夠在小志情緒不穩定時，幫忙一起安撫他。孩子們一個個彷彿長出小翅膀般，頭上都要出現光環了。而小志在班上也漸漸安適自在。

我上課時，他不大坐在自己的位置上，總喜歡去躺在後頭的閱讀區，若有所思的看著窗外。

我一直以為小志沒在聽課，直到有一天，我擦黑板時，把「值」日生擦成「直」，小志瞬間彈起，舉手跟我說：「老師，直！」

「好。」我講課正在興頭上，敷衍了他一句。

「老師，直！」小志鍥而不捨地持續糾正我。

「知道了。」我繼續我的話題，沒認真搭理他。

「老師，直！直！……」小志的強迫症要發作了。

「老師，妳先改啦，他快不行了。」幫小志講話的是大維。

「好好好，馬上改。」

見我將「直」加上人字旁後，小志才心滿意足地躺下去繼續看他的天空。

大維開始願意試著接納小志，讓我很是歡喜，雖然不見得進展順利。「哼，真是好心沒好報，我本來想陪他玩一下，沒想到，居然被他撒了一身沙。」大維氣急敗壞地跟我叨唸。

「你進步超多耶。記不記得以前你被小志碰一下，就雞貓子鬼叫的；現在居然肯陪他玩，好樣的。」我真心誇讚他。

「我以前很幼稚，好不好?!」大維抓抓頭，跟我謙虛、客套一番。

與小志同行的那兩年間，我似乎沒能教他什麼，倒是他教了我和全班孩子不少。讓我們學會用更寬容的心來看待和自己不同的事物。

校外教學時，小志非得等我跟他一起排排站好，牽起他的手，才肯前行，讓我暗自歡喜，原來自己也可以給人這等安全感；數學從不會計算失誤，小志根本是用看的，答案就出來了；隨時跟我報告天空異象：「天空破洞！」（雲破天開時）、「天空黑黑！」（烏雲密布時）……是小志。

小志為我開啟了另一個觀看世界的角度，讓我成為一位更柔軟的老師。

畢業典禮時，小志的媽媽也來了。她緊緊擁抱了我一下：「這兩年，小志勞煩妳了，真的很謝謝妳。」

「加油，一定會愈來愈好。」

我才兩年，媽媽可是一輩子呀。

臨去前，爸爸把小志推到我面前：「跟老師再見。」

「老師再見。」小志左顧右盼，和我依舊沒有任何眼神接觸。

看著他們離去的背影，我心底對小志有著滿滿的牽掛、深深的祝福。

我真誠希望我的小火星人能安住地球，找到和地球人和諧相處的方式。

最後抱他的人

1《火星上的人類學家》，奧立佛・薩克斯著，趙永芬譯，天下文化，二〇一八。

2《讓高牆倒下吧》，李家同著，聯經出版，二〇一七。

李家同回信給孩子

亦謙在五年級之前，除了圖畫書之外，不曾讀過一本小說。據亦謙的媽媽說，為了栽培這個得來不易的晚生子，她買書可從不手軟。家裡書櫃一排排都是上萬元的套書。

亦謙媽媽夢想著如果亦謙能把這些書都讀下去，前途應該就會一片光明。沒想到，每次叫亦謙看書，亦謙總是隨便翻一翻就交差了事，而且還只肯翻有插圖的書。那種全是字的書，亦謙連看都不看一眼。

亦謙媽媽最怕的就是學校出日記、作文、讀書心得之類的功課，這種要動腦筋寫文章的作業，簡直要磨死人。

因為亦謙只管賴皮：「我不知道要寫什麼，妳教我。」接著好像就變成媽媽的事了。

不管給再多提示、引導，亦謙就是歪著頭，咬著筆，一個字都生不出來，非得媽媽說一句，他寫一句，才能完事。

所以，當編班名單一公布，媽媽發現亦謙進了我的班，且聽說這班上的孩子得讀完五十本小說才畢得了業時，亦謙媽媽簡直嚇壞了。

雖然亦謙媽媽絕對希望兒子喜歡閱讀，但這麼些年下來，她早死心了，而且一想到要陪公子寫五十篇的讀書報告，她就先腿軟了。

聽了亦謙媽媽這番血淚告白，我只能安慰她：「妳別怕，我都跟孩子說：『讀書的是你們，報告當然得自己寫，爸爸媽媽是沒得幫忙的。』妳只管擺出愛莫能助的樣子就好，千萬別出手幫忙，否則亦謙永遠寫不出東西來。亦謙寫不出來是他的事，就讓亦謙來學校面對我吧。」

其實，書和人本來就不是天生互相吸引。其間得有一個大人，為孩子架起通往書本的橋梁。

孩子肯定喜歡故事，一本本書裡頭藏著一個個精采絕倫的故事。如此多采多姿的閱讀天地，怎麼會不迷人。

問題是，大人常只給孩子買書，之後就被動的期待孩子自動自發去閱讀。如果孩子沒這麼做，大人就會失望的認定：我家小孩不愛看書。

但這真是天大的誤會，難道我們會期待孩子一看到腳踏車，就知道怎麼騎。我們不是會理所當然且耐心十足地扶持孩子，慢慢教孩子領會其中的技巧，不會因為他一再跌跤，就宣稱他不愛騎車。

閱讀也是一樣的，一樣是需要引導與鼓勵。

經營閱讀教學這麼多年，我必須坦言：對許多孩子來說，在閱讀習慣養成之前，並沒有「快樂閱讀」這回事。

其實，任何學習都是。如果沒有歷經辛勤的耕耘，如何能獲取收割的歡欣。唯有付出時間和心力，老老實實地把書讀下去，才有機會品味閱讀的喜悅。

亦謙不見得不喜歡閱讀，只是一直少了位會逼他練功的師父，而我就是他的閱讀教練。

亦謙看起來確實是那一種與閱讀無緣的典型男孩。上課總見他神遊太虛，老是在狀況外；但只要下課鐘一打，他立刻活絡過來，一秒鐘不浪費的鬼抓人去。

不過，好消息是亦謙除了吃定媽媽之外，在學校倒是挺機靈，就算打混摸魚，也會守住老師的底線，不大會讓自己落入險境。只要還肯聽話就好辦。

我們就從每日聯絡簿的「閱讀班書二十分鐘」這一項功課開始，並且要誠實填記所閱讀的書名、頁數。

我告訴孩子們：「千萬別小看這短短的二十分鐘，兩周十四天，將累積兩百八十分鐘。算一算，差不多是五個小時的時間，絕對有辦法讀完一本書。重點是，我們願意堅持完成這份計畫嗎？一直以來，我可是堅持到底的。」

剛開始，一些沒有閱讀習慣的孩子或許心不甘情不願，但一段時日之後，這些孩子反倒會與我分享：「其實，這本書還滿好看的。」亦謙就是其中一個。

亦謙媽媽說，剛開始一寫完聯絡本上的功課，亦謙就想開溜了。

「還有閱讀二十分鐘喔！」亦謙的媽媽堅持。

「妳就隨便寫個頁數，老師又不知道。」

「不行啦，老師說如果我跟著你騙她，被發現的話，她也會罵我。」

真是聰明的媽媽，完全跟亦謙站同一陣線，跟著怕老師就對了。為了不讓媽媽挨罵，亦謙只好勉為其難地拿出班書閱讀，但就見他翻來覆去，換盡各種姿勢，一副如坐針氈的模樣。

「什麼，才五分鐘？」

以為自己讀了好久的亦謙，拿出錶一看，不禁哀號起來。

「是有這麼痛苦喔？不然媽媽幫你設定鬧鐘，你就不用一直看錶了。」

就這樣，亦謙在老師和媽媽的聯手堅持下，只好認命。

亦謙想，反正每天注定得受這二十分鐘的罪，倒不如想辦法，讓自己好過些。

於是，在每日的閱讀時光，亦謙總會給自己泡杯奶茶，再放上古典音樂。亦謙斜靠著沙發，調整出一個最舒服的姿勢，就著檯燈閱讀。

「後來，他還常常看超出時間呢。每次看亦謙閱讀的模樣，我就覺得我兒子還是挺有氣質的。」

亦謙媽媽開心地和我分享亦謙的長進。

「你媽媽跟我說你在家閱讀的樣子那麼有氣質。為什麼在學校，我都看不到？」

亦謙還是一下課就跑，我根本連他的車尾燈都看不到。

「老師，我就剩這麼一點氣質，不能浪費在學校啦。」

原來如此，所以真別小看任何一個孩子，人家只是深藏不露呀。

在一次作文課裡，我讓學生們各自寫一封信給自己最心儀的作者，與他們分享對作品的喜愛及想法，而且我還要把信寄出去，讓作者真能讀到他們寫的信。

「作者會回信嗎？」亦謙殷殷期盼地問我。

「我不確定，但我確定你的信會是作者最好的回饋，是他們繼續寫作的最佳動力。若你能收到回信，那將是最美好的意外驚喜，老師還會另外獎賞。所以，好好寫吧。」

在那封寄給作者的信中，亦謙果真端出了他最好的字、最棒的圖畫，以及最佳的書信禮儀。亦謙也期待作者能接收到他的仰慕之意。

信寄出之後，某一個深夜，我接到亦謙急急打來的電話：「老師，老師，我接到李家同先生寫給我的信了，是用原字筆寫的！」

亦謙非常強調原子筆，是人寫的，真的是人寫的……原來，躲在書後頭的那位作者是真有其人，而且還寫信給他。亦謙興奮的非得馬上在夜裡和我分享這一份喜悅。

其實收到作者回信的，不只是亦謙，因為那學期我們剛剛一起共讀了《讓高牆倒下吧》[1]，所以班上寫給李家同先生的十三個孩子都收到回信了。

孩子們不僅收到回信，還將李校長遠從南投縣暨南大學請到台北市龍安國小來，意外促成了一場作者見面會。

從此，亦謙成了「李杯杯」的超級粉絲，他甚至還搶下鋪在餐桌上，有著李家同文章的舊報紙。

亦謙萬分珍惜地抱怨：「怎麼可以用李杯杯當餐墊?!」

「這小子居然會看副刊！」亦謙媽媽簡直難以置信。

因為亦謙一向只看報紙的影視版和體育版。

但是，除了讀，亦謙能寫嗎？

我和亦謙媽媽分享了桂文亞在《讀和寫的第一堂課》[2]中的童年寫作經驗：年紀小時，人生經驗不足、生活範圍侷限，寫作時的想法不是來自「老師說」、「爸爸說」、「媽媽說」，就是「課本說」。若不是父親書架上那一排世界各國的文學家幫忙，還真寫不出什麼「自己的想法與看法」。

透過閱讀，我們正可以「向前輩借光」。重點是，請媽媽一定得管好自己，不要急著插手介入，也請先放下對優美詞句、端正字體、引用成語……這些講究，就讓亦謙想什麼，就寫什麼。文字應該是供亦謙差遣、應用的，而不是綁架他的思考。

就像我第一次和外籍老師備課，心底直盤算著正確的文法運用，結果根本趕不上正常說話的節奏，後來我索性不管文法了，我想什麼，就講什麼，再加上比手劃腳，與外籍老師的溝通反倒流暢多了。

亦謙之前之所以寫不出來，是因為滿腦子都想著媽媽要求的優美文句，肚裡卻沒什麼墨水。等亦謙好不容易擠出個句子，卻又被媽媽退貨。亦謙想，這樣倒不如放手讓媽媽表現，還乾脆些。

不過，自從我建議亦謙媽媽別插手後，亦謙寫來的閱讀報告，就算不是什麼了不起的佳作，但至少忠實呈現了小學生的天真想法。或許幼稚，或許傻氣，但也比那種滿紙教忠、教孝的八股心得有意思多了。

亦謙在畢業班刊上留下這樣一段話：

「我不知道是衰還是幸運，被分到這個閱讀班來，因為我除了怕被打之外，最怕的就是看書。後來，我遇見一位很愛閱讀的老師，她教我閱讀可以是一種享受，像是一邊聽悠揚的音樂，一邊慢慢地看。之前我只要一看到很多字的書就不想看，只想混。可現在我真的發現看書可以增加自己的氣質，我在這兒得到最棒的東西就是我的氣質。我愛六年六班！」

這一段留言並沒有任何優美的詞句，但卻深深打動我的心。衝著這些話，我這兩年來的堅持與努力都值得了。看，這不正是文字的魔力！短短幾個字，就鼓舞了我。

我也再度摩拳擦掌，信心滿滿地準備迎接下一個「閱讀班」了。

1《讓高牆倒下吧》，李家同著，聯經出版，二〇一七。
2《讀和寫的第一堂課》，桂文亞著，民生報，二〇〇三。

輯二

我在偏鄉，植下一顆顆閱讀種子

嘉民來到我的班上時，可是連哥哥姊姊弟弟妹妹都寫不出來。現在，他卻能這麼自然的表現出一個充滿情感的句子：「他會一直在你心裡」。為了這句話，我感動到都快哭出來了。

閱讀是一道光

我一直是這麼相信的：「閱讀」能彌平所謂的城鄉差距，重點在於「一位有協助能力的大人」。

特別是老師，扮演著十分關鍵的重要角色。我們可以為孩子們選書、安排閱讀時間、和他們聊書……協助他們排除橫亙在眼前的各項障礙。因此，當初能夠有機會到花蓮任教，我太開心了。我也迫不及待地想看看我的花蓮學生，印證我的想法。

以柔是我在花蓮任教的第一屆學生。她對分數總是斤斤計較，優點是要激勵她相當容易，只要一句：「我會加分。」以柔拚了命都會完成你交辦的任務。

可我也真是心疼以柔，若哪一天不再有分數這誘因橫亙於前，那她該為何而戰呢？五年級第一次期中考之後，發下數學考卷，就聽到以柔一陣哀號：「我完了，我完了，我只考了九十五分，回去要被我媽罵死了。」

「九十五分還不夠好喔？老師都未必能考這麼高分啊。」

這是真心話。小學時，我因為粗心的問題，成績方面總沒什麼好表現。

「可是我錯了不該錯的題目。」

「妳告訴我哪一題是該錯的。重要的是，妳盡力就好。」

我知道以柔總是全力以赴的。

「不然妳的考卷跟我換。我考九十五分回去，還有得領賞。反正妳回家都要被罵死，不如乾脆讓妳媽罵個夠，我還可以分一點好處給妳。」

以柔隔壁那個考八十五分的男生講話了。

「告訴媽媽，老師覺得妳考得很棒了，不然我發張空白考卷給妳媽媽寫，看她考幾分。」

這是我小時候跟我老媽頂嘴說的話。

「唉，老師，妳不懂啦。」

以柔語重心長地看著我。

真不知道誰是老師。

我想，若真要說閱讀有什麼城鄉差距，我覺得問題是出在大人身上多一些。

根據我的觀察，城鄉兩地的孩子表現差異並不大，敷衍了事和認真對待的人數比例差不多，呈現的心得、想法，也各有各的精采。

但當時的花蓮家長更看重的是考試分數。他們常會因為孩子的成績表現不如預期，向我興師問罪，而以柔的媽媽正是其中的代表。

果不其然，很快地，我就接到以柔媽媽的電話了。

「老師，為什麼我們班沒有排名表？」

「我的班級一向不排名。我不是有給各科分數級距人數了嗎？這樣，妳就可以掌握孩子考得如何了。」

「可是別班都有排名呀，要不然我怎麼掌握孩子的競爭力？」

「他們只不過是小學生，實在不必對分數錙銖必較，我台北的學生也沒排名呀。現在更重要的是閱讀能力的養成，這樣才能開拓他們的視野，墊高他們的學習基礎。」

「老師，妳不要開口、閉口台北台北台北的，這裡是花蓮，我們很重視小孩成績的。」

我想她只差沒加一句：台北了不起呀?!

「媽媽，不是我故意要提台北，因為我目前只有台北經驗。下一屆，我會換用花蓮的例子和您溝通。」

以柔媽媽見我無論如何都不肯排名，只好悻悻然地掛上電話。

其實，不只以柔媽媽，當時的花蓮根本是全民拚分數，學校也要各班繳交定期考的各科分數平均，老師之間自然不免彼此探問一番。

我這個來自台北的「閱讀名師」，自然是大家徵詢的重點目標。

但很不幸的，我班上孩子的成績不但不突出，還落後各班一截。

原來，老師們利用了許多課堂時間幫孩子們複習功課。一張又一張的試卷，確實疊高了孩子的學習考試分數。

然而，分數真的等於學習能力嗎？我更希望為孩子安排讀書會、小書創作、專題研究等課程，讓他們有機會統整課堂所學，並加以應用。這樣的學習不是更具挑戰、更有滋味！

如果我也為了拚分數，放棄自己的教學理念。那麼，我當初為什麼要離開私小，兜一大圈又轉回原點呢。

想清楚後，我決意還是堅守自己的教學信念，篤定前行。

以柔本來就是「分數控」，所以她對閱讀報告自然也是全力拚搏，爭取好成績。以柔的每一張報告都像藝術品，圖文並茂，相當精采，總讓我讚嘆不已。我不只一次公開表揚對以柔的作品仰慕之意。這時候的以柔，眼睛總是亮晶晶的，洋溢喜悅的神采。

以柔在周記上這麼寫：

「一開始，我覺得閱讀好麻煩，要花好多時間才能看完一本書、寫一篇報告，心底還偷偷抱怨這閱讀分數真是難賺！但慢慢地，我發現老師選的書都好好看，還常常讀忘了時間。像這周我讀的是《晶晶的桃花源記》[1]，晶晶看著『電視神明』播放自己曾經遺忘的往事那幕，我都陪著掉了不少眼淚。書的最後，我讀到陶淵明的〈桃花源記〉，第一次覺得古文好美：山有小口，髣髴若有光。閱讀對我來說，就是那道光。現在我最享受的時刻，就是讀完書後，閉上眼睛，回想故事最吸引我的一幕，用我的文字圖畫把它們留在紙上。這個時候，時間總是過得特別快，不知不覺就溜走了。看著我用心完成的作品，超級成就感的。只有在此刻，我才感覺到自己的存在。」

讀著以柔的文字，我多麼欣慰她的心可以這樣被滋養著。

那些分數、排名，閃一邊去吧。

五年級末了，學校頒獎表揚學習領域績優的學生，以柔雖未能名列其中，但她盡心、負責的學習態度，還是為自己爭取到日常生活表現優良的獎狀。

但當我公布得獎名單時，卻不見以柔有絲毫喜悅之情。

以柔私底下對我說：「我媽媽說這種是功課不好的安慰獎。」

「不是這樣的，妳知道學習領域的成績結算出來，前十名的平均分數都只有小數點的差距，根本差不多，但這『日常生活表現優良』獎可個個是實至名歸。妳看哪一個不是又認真又盡責，老師更看重這個獎呢，真的！」

以柔對我點點頭，但她的眼底盡是憂慮。

果然，當晚我又接到以柔媽媽的關切電話了。

「老師，我們家以柔的程度是不是不行？」

「怎麼會？她不只成績表現好，更厲害的是她的讀書報告，每一份都像精品，是大家公認寫最棒的。」

「老師，她讀書報告常常一寫就兩、三個鐘頭，畫得那麼漂亮，有什麼用？還不是進不了前三名。」

「以柔媽媽，以柔願意全力以赴做好一件事，妳不是應該肯定她嗎？而且她的報告很有自己的觀點。我每次都很期待看到她的作品呢。」我還是盡力安撫以柔媽媽。

「那又怎樣？浪費這麼多讀書的時間，結果成績還上不了檯面。我叫她以後別寫讀書報告了，可以嗎？」

我想都沒想就回以柔媽媽：「不可以。這是我班級經營的一部分。」

「憑什麼？這又不是表訂課程。反正我女兒程度不夠，我們沒能力讀那麼多書，不行嗎？」

以柔媽媽咄咄逼人的氣勢，真是惹惱我了。

「憑我是她的導師。以柔程度好得很，請妳不要這麼看輕她，而且妳自己去問問女兒，看她願意放棄這個閱讀計畫嗎？」

我的耐心也耗盡了。掛上電話後，我還是一肚子氣。

隔日，以柔到學校後，一直不敢直視我。

我想，以柔夾在媽媽和老師之間，也真是難為她了。

「妳還好嗎？如果妳要放棄閱讀計畫的話，老師可以理解的。妳別有壓力。」

以柔直搖著頭，眼眶含著淚水：「可是我想讀，也想寫……」

「還是，妳別花這麼多時間，隨便寫寫就好？」

話說完，我自己都覺得怪怪的，是有老師這麼教學生的喔？

「可是，我喜歡寫啊。為什麼她非要這樣限制我？我又不是做壞事。」

以柔的眼淚潰堤。

我看著，很心疼。

「沒關係的，老師知道妳的實力有多棒。如果在家裡不方便，妳也可以在學校利用時間寫。妳願意繼續閱讀，老師就超級開心的了。」

接下來的一年，閱讀成了我們倆之間的祕密任務。

在媽媽的眼皮底下，以柔就讀教科書、參考書、評量卷……這些廣受大人歡迎的書，而當一切就緒，關上房門後，就是她最期待的閱讀時光了。

這是她努力一天後給自己的獎賞。

只消打開書頁，那通往閱讀桃花源的山口就呈現眼前，以柔可以就光前行，探訪落英繽紛的所在。

以柔就這麼堅持著，順利走過這段閱讀旅程。

而當以柔交上這五十篇讀書報告彙編而成的精美作品時，我緊緊抱了她一下：「妳真是太棒了！」

我真心為以柔感到驕傲，也很榮幸能陪她走這一段。

三年後，高中升學會考成績公布不久，我接到以柔打來的電話。

「老師，我會考的作文拿了滿級分！」

「太……棒了!!」我為以柔高興的不得了。

「老師，我要謝謝妳小學時帶我閱讀。這個成績是獻給妳的。」

明明是這麼開心的時刻，我的淚水卻湧上眼眶。

我要把以柔對我說的這句話，牢牢記在心底。

在任何灰心喪志的時候，拿出來溫習。

1《晶晶的桃花源記》，哲也著，小魯文化，二〇〇四。

過動兒的榮譽勳章

嘉民像一張白紙般的來到我的班級。嘉民不僅自己的名字會寫錯，就連哥哥姊姊弟弟妹妹這些基本生字的零件都湊不齊。一年級小朋友會寫的字，可能都比嘉民多。

輔導組長告訴我，嘉民是因為有學習障礙，所以安置在資源班。

嘉民從小一就被鑑定為ＡＤＨＤ（Attention Deficit Hyperactivity Disorder，注意力不足過動症），且狀況相當嚴重。

嘉民除了沒辦法專心上課外，還鬧得同學也聽不了課。老師只能送嘉民輔導室，請輔導室協助處理。

後來，在醫生的建議下，嘉民開始服用利他能（Ritalin）。只是這藥一吃，嘉民雖然靜下來了，但成天昏昏沉沉，學習狀況當然也大打折扣。

再加上嘉民媽媽不在身邊，嘉民爸爸又忙於生計，家裡沒人督促、照料，所以嘉民之前的學習幾近於零。

一直到教了書之後，我才開始關注ADHD兒童的服藥議題。

我常想，如果真拿「問題行為篩選量表」來檢視童書裡的主角人物，例如《窗邊的小荳荳》[1]、《湯姆歷險記》[2]、《長襪皮皮》[3]，他們大概都得服藥了。只是，服藥之後的荳荳、湯姆和皮皮，還能創造出精采的故事嗎？

如同幸佳慧引述亞馬遜暢銷書*ADHD Advantage*作者Dale Archer所言：「我們不要急著對孩子們的好奇心、活力與追求新奇的特質投藥，因為在對的環境下，這些特質全是貨真價實的有利資產。」因此，對於後來爸爸希望嘉民停藥、觀察的決定，我舉雙手贊成。

為了掌握嘉民的閱讀狀況，我請嘉民先唸一段課文給我聽，結果發現他大字不識幾個，還得靠著拼讀、注音來輔助認字。

一小段文句，嘉民唸得零零落落，又跳行，又跳字，完全不知所云。

至於課外閱讀，嘉民的經驗值幾近於零。

我問嘉民在家裡都讀些什麼書。他隔日認真、寶貝的拿出一本翻爛的樂高型錄，說是每天晚上都會翻讀。

看來，嘉民的閱讀計畫得另訂。嘉民必須先從繪本開始，而且，我得先擔任嘉民的讀書機，朗讀故事給他聽。

每日午休開始的前十分鐘，是我們班的「寢前閱讀時光」。反正午休鐘聲響起時，孩子們也是東摸西摸、沒個安分，不如先讀讀自己喜歡的書。

讀十分鐘之後，孩子們也差不多累了，剛好可以進入昏睡模式。

而我就利用這段時間，讓嘉民到我身邊來，我唸讀繪本給他聽。嘉民像個小娃似的，聽到開心處，還笑出聲來。

我為嘉民朗讀繪本的目的，除了希望他能越過識字障礙，先享受故事，親近書本之外，我其實也扮演著閱讀教練的角色。

我讓嘉民先透過聆聽，去感覺中文語詞斷句的技巧，再慢慢地，放手讓他自己閱讀。

至於「閱讀紀錄」，還是得做。我讓嘉民先按部就班的從低年級版本開始，嘉民只要寫上書名、作者等基本款目，再加上每週一次的「最愛書籍回顧」，把原因寫下來即可。

這一份閱讀紀錄單的設計重點，是放在習慣的養成與量的累積，讓嘉民從中獲得閱讀的自信心和成就感。比起課文來，故事書更顯魅力無窮。

整個五年級積累下來，嘉民也讀了百來本的圖畫書。

在嘉民身上，我真正見識到閱讀的力量。

首先，嘉民的閱讀能力一路精進。才經過一年的歷練，嘉民就可以從繪本進階到高年級文本。

接著，是嘉民的國語考試成績。嘉民從一開始的三、四十分，一路攀升到及格過關。

更棒的是，在五年級結束時，資源班老師與我分享，她進班觀察嘉民的上課情形，發現嘉民不僅注意力聚焦在老師身上，而且還能融入班級互動。

在做識字檢測時，高年級部分的難字，嘉民都能輕鬆過關，反倒是中、低年級的部分缺漏不少，因此她決定不再將嘉民抽離我的課堂。六年級將另找其他時段，加強嘉民中、低年級漏失的部分課程。

六年級開學時，我對嘉民分享資源班老師跟我的對話內容：「你真是太厲害了，才一年而已，就進步這麼多。所以，老師覺得你現在已經可以開始閱讀班書，挑戰高年級的閱讀紀錄版本了，如何？」

嘉民欣然接受：「那麼，我可以自己選書嗎？」

「所有的班書任你挑，過癮吧?!」

嘉民到處打聽他的處女秀應該獻給哪一本書，最後是《怪獸爸爸　爸爸怪獸》[4]雀屏中選。

我可以猜到為什麼會是這一本書。

一來，那是所有班書中最薄的一本；再者，這本書的書名有嘉民最愛的「爸爸」。

嘉民爸爸為了照顧嘉民和妹妹，一個人得打三份工，又是送報，又是快遞，再加上外送便當，非常辛苦與勞累。

在五年級的討論課程中，嘉民言必稱爸爸。

嘉民的志願是想成為麵店老闆，因為他覺得爸爸的工作好辛苦，常常因此耽誤吃飯的時間。如果他開了間麵店，就可以隨時幫爸爸下麵條，再也不用擔心爸爸餓肚子了。

這真是一個溫柔而美麗的志願。

我賴著嘉民畫一張麵店的貴賓卡給我。嘉民卻真誠地還幫我想了優惠方案：讓我以後去吃麵時，可以附送小菜。

兩周後，嘉民交來了第一篇的閱讀報告。閱讀報告雖然簡短，且錯字連篇，但是嘉民給書中人寫的信，卻打動了我：「水孩，你不要不開心。你爸爸雖然死了，可是他會一直在你心裡。」

「他會一直在你心裡」，這是多麼美麗的一句話呀！

嘉民來到我的班上時，可是連哥哥姊姊弟弟妹妹都寫不出來。現在，他卻能這麼自然的表現出一個充滿情感的句子：「他會一直在你心裡」。

為了這句話，我感動到都快哭出來了。

「嘉民，你的這一篇報告，雖然錯字很多，內容也太簡略，還有很大的進步空間，但老師好喜歡你的這句『他會一直在你心裡』。如果水孩看了你這封信，一定也會很感動。繼續加油，你可以觀摩其他同學的報告怎麼寫，日後就會愈寫愈棒了！」

我肯定嘉民願意接受挑戰，還寫出了一個觸動我的好句子，但我也沒有放水，還是誠懇、實在的只給這篇報告七十分。

朱學恆在《新的世界沒有神》[5]一書中，介紹了一場令人熱血沸騰的日本高校野球賽，而當看到最終的比數是「122：0」時，我都傻眼了。

有人問當時的東奧義塾高校，在面對這麼弱的敵人時，為什麼還要這麼拚命，難道不能保留一點體力嗎？

他們的隊長這麼回答：「如果我們放水，便是對深浦高校的不敬。」

在我想來，既然嘉民已經接受進階的挑戰，我當然也需要對他有進階的要求。因此，我並沒打算把嘉民當特殊生看，這是我看待他作品的心意。

我要嘉民與自己比，一路看著自己慢慢進步的軌跡。

嘉民也很爭氣，他從滿篇錯字到幾近無錯，從七十分、八十分，慢慢來到九十分，而我可是一點也沒放水。

我秉持著東奧義塾高校隊長絕不放水的精神，認真看待嘉民的作品。

畢業之際，當大家將兩年來的讀書報告各自集結成冊時，嘉民的作品獲得同學一致的讚賞。

「哇，這根本不像同一個人的作品嘛！」

「這前後也未免差太多了吧？」

「嘉民，你進步好多喔！」……

畢業書展時，嘉民爸爸特別撥空來參加。

我一見嘉民爸爸，特地走過去跟他打招呼，卻見他一副怕兮兮的模樣看著我，似乎擔心我要告什麼狀似的。

「嘉民爸爸，你們家嘉民是我們班進步最多的，表現得超棒。」

爸爸聽了我的話，緊繃的表情頓時鬆開：「真的嗎？」

「當然，你可以問問同學，大家公認的。」

我讓爸爸翻看嘉民的集結作品，印證我的說法。

「他真的進步很多耶，謝謝老師。第一次有老師跟我誇獎我兒子，我好高興喔。」

看著爸爸笑開了的神情，嘉民在一旁也跟著樂開懷。

那一刻，我為他們父子感到好開心。

多不容易呀，一路走來飽受ＡＤＨＤ困擾的嘉民，終能在閱讀上感受自己的成長。

我真以嘉民為榮。

嘉民升上國中後，大概是第一次定期考試結束不久，嘉民妹妹來找我：「老師，我爸爸要我問妳，哥哥還有沒有救。他的老師說他每一科考試都考那麼爛，這樣下去一定完蛋。爸爸說以前妳說過哥哥是班上進步最多的小孩，他還有希望嗎？」

這個問題讓我很生那位國中老師的氣，不會英文、數學、物理、化學……人生就會完蛋嗎？如果我的嘉民日後要開麵店，難道就沒有一條屬於麵店老闆的路嗎？有什麼好完蛋的？真是氣死人了。

我認真地寫了封信鼓勵嘉民，請妹妹將信轉交給他。

我並對嘉民妹妹說：「跟爸爸說，老師到現在還是覺得哥哥是我所有學生裡進步最多的一位。國中的功課就算讀不好，只要他不放棄，日後還是有職業學校可以讀。那時候，他就可以學他有興趣的技能。只要嘉民肯努力，他一定可以學得很好的。跟哥哥說，有困難，一定要回來找我。」

後來，我讀到《波西傑克森》[6]時，第一個想到的就是嘉民。

主角波西傑克森正是作者萊爾頓以自己患有ADHD的兒子為藍本，所創造出來的少年英雄。萊爾頓說這些孩子在成長的過程中，一直被視為專惹麻煩的異類，使得他們的求學道路倍加坎坷，甚至讓他們否定、放棄了自己；但因為《波西傑克森》，他們可以把那些被視為問題的「病症」，當成是榮譽勳章般的別在胸前了。

但願，嘉民也有機會讀到這本書，獲得這枚屬於他的榮譽勳章。

1 《窗邊的小荳荳》，黑柳徹子著，王蘊潔譯，親子天下，二〇一五。
2 《湯姆歷險記》，馬克・吐溫著，王夢梅改寫，台灣東方，二〇一八。
3 《長襪皮皮》，阿思緹・林格倫著，賓靜蓀譯，親子天下，二〇〇八。
4 《怪獸爸爸　爸爸怪獸》，彭懿著，小魯文化，二〇一三。
5 《新的世界沒有神》，朱學恒著，蓋亞，二〇〇九。
6 《波西傑克森》，雷克・萊爾頓著，吳梅瑛譯，遠流，二〇〇九。

隱藏版美女

婷婷每天上學都像剛睡醒，眼角也老是黏著乾掉的眼屎。她一頭濃密、蓬鬆的亂髮，總隨意用個橡皮圈紮著。

婷婷的衣服無論怎麼穿，就是不合身，不是過大，就是太小。她夏天常常穿長袖衣服，但冬天卻穿短袖衣服。

根據婷婷的說法是，他們家的衣服就是每個人一堆，自行取用。如果外婆太忙了，沒時間洗，婷婷就去衣櫥裡，翻找上一季的衣服拿來穿。

婷婷的媽媽十七歲就和同齡的爸爸生下她，所以，外婆真的很辛苦，等於領著一屋子大小孩子過日子。

婷婷的媽媽根本也還是個孩子，跟婷婷吵起架來，常居於下風，所以在教養方面，幾乎無能為力。至於年輕爸爸，更是完全沒準備好走入家庭。

婷婷的爸爸在百貨商場上班，等收工回到家，夜也深了。如果心情好，婷婷爸爸就帶孩子打電動、吃宵夜。如果心情不好，則對孩子不理不睬，恨不得孩子們通通消失在眼前。

但婷婷卻很愛這位小爸爸，婷婷的情緒也常因爸爸而起伏，只消看婷婷當日的表現，就知道小爸爸前一天心情如何了。

成長於這樣的家庭，婷婷確實需要許多協助。

光是調解婷婷和同學之間的大小糾紛，就耗費我許多心神，更別說寫功課這件事了。婷婷幾乎是天天來我跟前報到。

婷婷在我眼皮底下，才能把功課完成。若是放任她在座位上補寫的話，可能一整天下來，還寫不了幾個字。

新學年開學之際是老師的工作旺季，總有各式各樣的表單需要繳交、填報，忙得我常自動忽略一些我認為無關緊要的調查，例如「國小學童罹患頭蝨人數調查」。

在我看來，這已經是上一個世代的事了，我不懂這類過時的表單為何還要出現在兵荒馬亂的開學時期，所以我常直接填「○」。

那一天，婷婷又到後頭補寫功課。我作業改完後，就晃到她旁邊，想提醒她清醒些，別老過這種日子，但就在這時候，旁邊的孩子卻尖叫了。

「老師，婷婷的頭髮有蟲。」

接著，孩子們四處逃散。

我本能地往後跳開一步，但又隨即上前撥看她的頭髮。只見一隻隻頭蝨在髮間爬來爬去，髮根處還可見到星星點點的白色蟲卵，看得我頭皮發麻。

我馬上帶著婷婷，直奔保健中心。

相較於我緊張兮兮的模樣，護士阿姨卻顯得淡定多了。護士阿姨老神在在地處理通報和申請用藥事宜，並教我怎麼協助婷婷進行後續護理。

「老師從台北來，沒見識過吧？雖然現在市區很少見到了，但在偏鄉部落裡，還算稀鬆平常。特別是在長假後的開學時期，那感染率才驚人呢。」

看著婷婷驚慌失措的模樣，我其實心底覺得很對不起她。

一直到今天，我還是很懊惱自己這麼不鎮定。

我也真是失職，怎麼就這麼自以為是，當初一點也沒把這事放心上，現在即使懊惱追悔，也都無濟於事了。

眼前亟須解決的，除了安撫婷婷的情緒外，還有我最擔心的，婷婷可能會面臨孤立、霸凌。

小學校園本來應該是單純、美好的所在，但對被孤立、嘲諷的孩子而言，卻是噩夢之境。

當我們回溯童年，「孤立事件」似乎或多或少潛入我們之中，不論是被孤立、孤立別人或袖手旁觀。回顧往事，心底總不免湧上陣陣酸楚或愧疚感。

如果大家不喜歡你，那麼你就只有等待和被選擇的分，而為了擺脫孤立、隱忍委屈所付出的真心，只會換來絕情的嘲諷，讓人像傻瓜似的無所適從。

曾經，我也是那個被辜負真心的孩子。

我當時最怕的，就是老師要大家自由分組。這個時候，我只能裝作滿不在乎的等人揀選，故作鎮定的期待著。

在那一段期間裡，我總讓自己手邊有一本書。只有打開書頁，讓自己潛入其中，才能安頓我那一顆不知所措的心。

當時我即深深體會到：書真是我最好的朋友，永遠忠誠、靜好的陪伴著我。

婷婷隔日剪了一頭俐落的短髮。

她怯生生地踏進教室，但才一放下書包，臨座的同學即刻彈開，婷婷手足無措地呆望地板。

孩子的世界存在著屬於他們自己的潛規則，但正因為小孩天真、純粹，比起經過社會化的大人，反倒少了那份因道德感而自我約束的躊躇，因此毫不掩飾地依本能行事，卻往往傷人更深。

我要婷婷到我身旁來，我對她說：「老師已經跟同學談過妳的事情，我相信他們會很快調整好心情，重新接納妳。在這之前，或許沒人跟妳說話、談心，妳可以來找老師分享心事；或者，妳也可以閱讀。老師這兒書這麼多，全是妳的朋友。別擔心，慢慢來，若有人欺負妳，妳一定要馬上讓老師知道，我會處理的。」

接著，我和她分享自己的過往曾經，希望能藉此安頓她慌亂的心。

中午吃飯時，有個孩子的餐具掉在地上。

婷婷為了示好，馬上搶著幫忙撿起來。

卻只見那孩子一副怕兮兮的模樣，還用兩隻手捏著餐具，衝向洗手台，誇張地沖洗再沖洗。

婷婷的臉黯淡下來。

真心換絕情，何等傷心啊。

「婷婷，老師今天有好多作業要改，妳可以幫我洗個碗嗎？拜託……」

那一刻，婷婷笑得好燦爛，她馬上接過我的碗。

「老師，妳怎麼敢讓她碰妳的碗？」一旁的孩子覺得不可思議地提醒我。

「為什麼不呢？護士阿姨已經在幫忙處理，而且婷婷都把頭髮剪那麼短了，一切都在控制之中。」

孩子聳聳肩，沒再多說什麼。

在這一段期間，下課沒人鬥嘴、玩耍。婷婷悶得發慌時，就晃到教室後頭找我，我也趁勢鼓勵她閱讀。

「老師以前國三沒人理睬的時候，我就是靠閱讀撐過來的。書還真是好朋友，隨時找它，隨時歡迎我，而且我讀愈多就覺得自己愈聰明，後來還考上北一女呢！」

婷婷把我的話聽進去了。

婷婷常常趴在教室後頭的木地板上閱讀。一讀出滋味來，還會與我討論故事情節。

「老師，書比我想像中好看多了，真不知道我以前為什麼都不讀。」

「就跟妳說吧，相信我，準沒錯。」

除了閱讀之外，婷婷還附贈我寫功課這一份禮物。

那一陣子，婷婷每天的功課都交得好好的。我心想，這蟲蟲真是化危機為轉機。塞翁失馬，焉知非福。

只是，一個連假後的上課日，婷婷又一項功課都交不出來了。

雖然不寫功課是很多怠惰的孩子在連假後就會犯的毛病，但還沉醉在婷婷已經脫胎換骨的美夢中的我，實在難掩失望。

「婷婷，妳為什麼又不寫功課了呢？老師本來還很高興妳終於變成負責任的好孩子了。怎麼又回到以前的模樣？我真的很失望。」

婷婷盯著地板，一句話都不說。

「我不想再多說什麼了。妳現在就去寫篇日記，告訴我原因，好好反省一下。」

稍後，婷婷交上日記。

原來，在連假期間，婷婷的爸爸和媽媽吵得不可開交，之後，爸爸就收拾行李，離家出走了。

「爸爸說他再也不要忍受這個豬窩，髒到小孩都長頭蝨。我一直跟爸爸說我已經都好了，沒有蟲蟲了，他還是不理我。我一直一直打電話給他。剛開始，他還有接，但叫我以後不要再打了。後來，電話就轉成語音信箱了。我的爸爸走了，他不要我們了！」

婷婷的日記，看得我好不忍心。

婷婷不僅在學校要面對同學的異樣眼光，家裡爸爸還要這麼對待她，簡直是腹背受敵。

一個才小學五年級的孩子，得花多大的力氣，才能面對這場無解的紛擾。

我幫婷婷請了一節科任課的假，想讓她在教室裡，盡情哭一場。

「對不起，老師不知道妳家裡發生這麼重大的事，還對妳生氣。只是，大人的事，我們小孩管不了，也沒得管，妳唯一能掌握的，只有自己。這陣子，妳心情應該很不好，老師借妳兩本書：《和強尼共度的一天》[1]和《親愛的漢修先生》[2]，書裡的主角都遇上與妳相似的情況。妳看了，應該很有感覺。照顧好自己，也別忘了陪陪媽媽，妳們倆要一起加油。需要幫忙的話，來找老師。」

我緊緊地抱了婷婷一下。

《夏綠蒂的網》[3]作者E.B. White曾給一位失意至極的讀者回信，鼓勵他：「在大風中緊緊抓住你的帽子，緊緊抓住你的希望，別忘了給你的鐘上發條。明天又會是嶄新的一天。」

書曾是我的帽子、我的希望，但願書也能陪伴婷婷度過眼前的灰暗，等待雲開日出，水綠山青。

畢業時，婷婷給我寫了一段留言：「謝謝您沒有因為我頭上有蝨而討厭我，很多同學知道我有頭蝨後，都不肯跟我說話，更不肯跟我做朋友，但是許老師沒有因為這樣討厭我，還說我是隱藏版美女，我好高興！我最開心的事就是幫老師洗碗，謝謝老師。」

婷婷對我的要求還真是低，只因為我「沒有討厭她」，她就謝謝我了。相對她傳達的真摯謝意，我為她做的，似乎顯得微不足道。但婷婷的留言一直提醒著我，老師這份工作真美麗。我們總有機會雪中送炭。只要舉手之勞，就能適時給學生帶來溫暖。

多麼棒的工作呀，而我剛好就是一位老師，真是太幸運了，還有，我再也不敢無視「國小學童罹患頭蝨人數調查」表了。

1《和強尼共度的一天》，波・R・洪柏格著，王妙玉譯，大穎文化，二〇〇四。
2《親愛的漢修先生》，貝芙莉・克萊瑞著，柯倩華譯，台灣東方，二〇〇三。
3《夏綠蒂的網》，艾爾文・布魯克斯・懷特著，黃可凡譯，聯經出版，二〇一七。

三秒膠事件

《第56號教室的奇蹟》[1]書中的雷夫老師，是我最崇敬、仰慕的一位老師，他也是我行走教學路上的永恆典範。

即使雷夫老師得遍各大獎項，但最令他驕傲的卻是：二十多年以來，他始終是待在第56號教室的第一線老師。一直以來，我也期許自己能堅守第一線崗位，盡心對待每一位來到我眼前的孩子。

但這其實不是一件容易的事，還好有雷夫老師行走於前，誠懇地和我們分享他曾經的挫折與沮喪，真摯地叮嚀我們：「我不想假裝所有事都已經找到答案……有時候孩子會叛逆，不受教，但請不要就此放棄。我們可以撒下種子。每一天都事關緊要。因為有你，他們才能長大成為一個有價值的人。」

雷夫老師的這席話，適時的寬慰了我，讓我有勇氣面對阿祥帶給我的挫敗與傷心，讓我願意重新與他，也與我自己和解，繼續這「事關緊要的每一天」。

隨著教學經驗的日漸累積，我終於明白「天下無不是的父母」這句話，是無法全然成立的。

陪伴這些孩子的過程中，總叫我膽顫心驚。面對所謂的「不是父母」，孩子的心常常被傷得千瘡百孔。

為了保護自己，他們得更剛強；為了武裝自己，他們常表現出一副無所謂的模樣。阿祥就是這麼一個來自破碎家庭的剛強孩子。

家裡三個兄弟，來自同一個爸爸，但媽媽卻各自不同。

這三兄弟誰都沒能與媽媽在一起。爸爸是只生不養，丟小孩回老家後，就自顧自的逍遙快活去。因此，阿祥和家人的情感相當疏離，但在外，卻又比誰都重義氣、重感情。阿祥老愛耍帥、裝瀟脫，一副吊兒郎當的油條樣。

阿祥雖然只有五年級，卻是江湖味十足，跟誰都稱兄道弟，看似比我還諳世事。

但阿祥又是個聰明得不得了的孩子，他總能技巧的花最少的時間來敷衍我的功課，既讓自己不被老師追殺課業，又有餘裕行走江湖，結交朋友。

阿祥下課時，常常穿梭各班喬事情，我都覺得他可以出來選民意代表了。

有一陣子，我注意到阿祥每天總帶著一臉睡眼惺忪來上課，似乎嚴重的睡眠不足。

我決定找阿祥好好地談一談。

「你到底每天都在忙什麼？怎麼老一副睡不飽的樣子？」

「老師，我在打工啦！」阿祥回答得倒爽快。

「打什麼工？你爺爺家自己有工廠，家裡又不缺錢，為什麼打工？」

阿祥雖然沒大人管，但至少家裡經濟無虞，根本輪不到他為生活奔忙。

「妳不可以跟別人說，我才要告訴妳。」

我拉起嘴巴拉鍊：「保證不說！」

「我在BOSS（一家撞球店）打工，是朋友找我去幫忙的，一個小時還可以賺六百元呢！」

這麼高薪？我很訝異。

「比我的代課鐘點費還高。你在那兒做什麼？家裡知道嗎？」

「我家裡人不會管我啦，我在那兒就計分、跑腿，做一些有的沒的事。可以和朋友一起玩，又有錢可以賺，我覺得還不錯啊。」

但我直覺這份工作一定不單純，聽得我好緊張。我得想辦法讓阿祥別再去。

「阿祥，老師可以答應你不說，但你才五年級，那裡對你來說，真是太複雜了。而且你每天都睡眠不足，這樣下去，會長不高的，那就可惜你這張帥氣的臉蛋了。」

阿祥絕對是「外貌協會」會員，他每天總想方設法的打理他那幾根頭髮，務求看起來水亮水亮的。

「我也是覺得很累啦……」

阿祥每天眼睛都要垂下來了，能不累嗎？

「老師很認真的跟你說，以你的狀況，我其實得通報學校，否則就是失職。不過，老師很謝謝你願意誠實以告，所以，我想陪你一起解決這件事情。你就別再去BOSS了，你可以跟朋友說你的老師很麻煩。如果再去的話，老師會會同主任去BOSS找人。我也可以陪你一起去說，好嗎？」

我知道阿祥重朋友，所以乾脆教他把不能去的責任歸咎在我身上。

「好啦……可是我想自己去說。讓老師一起去，顯得很沒面子。」

「那好，我相信你。可是我晚上會打電話到你家找你，確認你真的沒去才行。」

我還是很婆婆媽媽的叮嚀著。

「老師，我答應妳不去，就不會去。妳放心啦！」

我知道阿祥這小子很江湖，信守說到做到的原則。但往後的一周，我也真是如臨大敵。我總三不五時的「不經意」問候阿祥一聲，確認他有乖乖回家。

整個五年級，我花了許多心思在阿祥身上，拔河似的，和他周遭的負面影響拉扯。

我只希望阿祥至少能行走在正軌上。

在很多的校園勵志電影裡，總會出現春風化雨、無怨付出的老師或教練，其中傳遞的訊息充滿了正能量。彷彿只要老師全力拚搏，就能扭轉乾坤，帶領學生迎向光明、有希望的未來。

然而，現實生活裡的狀況，卻常叫人沮喪。

阿祥在六年級時，就給我來了這麼一堂課。

那天，因為我要去教育處開會，中午用餐後即準備外出。但當我拿出車鑰匙，卻發現鑰匙孔、車把附近都被三秒膠黏糊成一團，且四扇車門都是如此。

由於急著出門，我只能匆忙通報學務處。生教組長要我先安心去開會，他會做後續調查。

那一場會議，我完全心慌意亂，不知所云。我整個腦袋都在想著，我是否得罪了誰，讓對方非得這麼對我。

我希望那只是無聊孩子隨機搗蛋的結果，並不是針對我。

等到最後一節，終於可以回校。

生教組長讓我先在班上問問孩子們，就說停車場都有監視錄影器，讓孩子自己承認，否則會直接通報警方處理。

我覺得自己對班級盡心盡力，就算遭人惡意破壞，也絕不可能會是自己班上的孩子，但沒想到一問之下，居然有四個孩子出來自首……

阿祥是領頭者，原因是要教訓一下老師。

阿祥認為我最近相當「機車」，把他的「兄弟」盯得很緊。

只不過是沒交功課這種「小事」，就不讓他們下課，非得補完作業，害他的兄弟都沒能跟他們一起玩。

我留下這四人犯罪小組，但除了阿祥，其他三人，也沒讓我少操心。但很顯然的，我掛在心上的基本要求，他們並不領情。

我凝視著他們，眼淚不停地流。

「所以，因為這樣，你們就如此對待我嗎？因為這樣，你們就全盤否定這一年多以來，我所有的付出和努力？」

這四個孩子見我哭得如此傷心，嚇得一個個低頭不語。

我真的沒想到自己會是學生挾怨報復的對象。

原來，一直以來只是我個人的自我感覺良好，一廂情願的以為我的學生會因為我愛他們，他們也相對愛我……

我已方寸大亂，我都不知道該如何面對他們了，只得直接交由學校後續處理。

生教組長對我說，幾個家長都覺得十分抱歉，他們表示會分擔老師車子的處理費用；但阿祥的家人說，阿祥根本說不聽，教不動，要阿祥自己負責。該抓去關，也請便。

事發後的那一周，我幾乎都快不會教書了。

只要一站上講台，我的眼淚就開始掉。我的專業素養都不知到哪裡去了。

平常熱鬧討論的課堂風景也消失了，只見台下一雙雙不知所措的眼睛，黯然凝望著傷心的老師。

後來，阿祥寫了封信給我：「老師，從五下開始一直到六下，我做的壞事連連，帶給妳許多困擾，讓妳掉了許多淚水。從五下開始，我漸漸變壞，整個人跟五上完全不一樣，每次犯錯之後，我都說要改，結果到最後卻總是口是心非。唉，我從來沒把別人的關心放在心上，一直不停地做壞事。老師，對不起!!」

再來，還有他那位下不了課的「苦主」兄弟，也寫了信：「我很抱歉在我們即將畢業時，給妳那麼大的傷害。在畢業前，我會努力補還給老師我欠的，不過應該是沒那麼容易補完啦。我會盡全力的，老師要的情報（就是阿祥的動態），我一樣都不會少給。」說得好像我是什麼特務頭子似的。

我其實也是很好「款待」的，這麼幾封信，就解了我的心結。

阿祥一向很會「按捺」老師。我決定放下情緒，原諒他們。因為唯有如此，我也才能原諒自己，並接受自己的能力有限。

我確實做得不夠好，才沒能讓孩子心服口服。

我叫來這三秒膠犯罪集團。

我對他們說：「老師的車子，沒打算讓你們付錢。你們只是孩子，根本付不起。但，你們告訴我，我該怎麼處理這件事情。」

三個孩子見我願意跟他們說話了，如釋重負。

他們紛紛各自端出最高罰則，以展現誠意。諸如每課課文抄三遍、當老師的奴隸直到畢業、提供各種班級情報、寫日記寫到畢業……

最後每人各因其罪行之輕重和我達成協議。特別是阿祥，他答應除了每天寫日記，交代大小事外，還可以無條件完成我三個願望，我要他做什麼都可以……

後來，因為我的圖書館活動需要，阿祥很甘願的用捲筒衛生紙，把自己包成木乃伊。

接下來的時光，我的日子可幸福了，班上的孩子們大概覺得我太可憐了，整個就是一個乖。

他們乖乖上課、乖乖閱讀、乖乖交作業。任何可能引起我不高興的狀況，那四位大哥總會搶先幫忙排除。

阿祥臨畢業之前，寫給我一段留言：「有朝一日，如果我和老師還會在同學會上碰面的話，我一定會讓老師看到不一樣的阿祥，一個煥然一新的阿祥。」

不管日後如何，我絕對相信阿祥寫下這段文字時的真心。

我希望阿祥能牢記自己曾經的這片真心，在面對生命的試煉時，拉自己一把。

雷夫老師曾說過，他的英雄是《梅岡城的故事》[2]中的律師芬奇。在曾經種族歧視嚴重的美國南方小鎮，芬奇律師毅然決然要幫一位被冤枉，而即將面臨處決的黑人辯護。芬奇律師即便知道結果必定會輸，但仍盡其所能地為這名黑人辯護。

雷夫老師說：「我的教室，就是我和這群孩子們的法庭，我們要盡最大的努力，即便知道最後可能會輸。我相信，當我每天走進教室，我應該已經按下改變世界的按鈕，我一直這樣確信著。」

我也跟雷夫老師一樣確信著。

1《第56號教室的奇蹟》，雷夫・艾斯奎著，卞娜娜譯，高寶，二〇〇八。

2《梅岡城的故事》，哈波・李著，顏湘如譯，麥田，二〇一六。

渾然天成的喜劇演員

在小學班級裡，總少不了有幾個個性馬馬虎虎，生活大大咧咧，成天嘻嘻哈哈的孩子。雖然他們辦事不太牢靠、作業丟三落四，極度天真，常常氣死人；但卻也因為沒多長心眼，特別容易相處。

這些孩子的共通特色是：成天沒事忙，下課總是不見人影，但特別懂得珍惜下課時光，就算上課鐘聲響了，也要把握最後關頭，再投一顆球、再抓一隻鬼。他們上課總是姍姍來遲，課堂間也時常恍神，時不時得提醒他們專心。

若是他們在課本上振筆疾書，一副用心做筆記的模樣，老師也別高興得太早，因為這多半不是什麼好現象。

十之八九，簿本上的人物是要倒楣的，不是被畫上濃妝，就是被迫變身。

我挺喜歡逗逗這些孩子們，他們常讓我覺得當小學老師是件很歡樂的事。一個個像是渾然天成的喜劇演員，天天為我上映搞笑的校園喜劇片。

他們就只認「玩」這件事。今朝有酒今朝醉，眼前有得玩先玩。其他的，就是兵來將擋，水來土掩。

相信我，老師也不想為了收作業和孩子們鬧彆扭。只是人在江湖，身不由己。既然當了老師，自然得面對這一件差事。

況且，我也一直堅心相信著，學生寫功課是天經地義的事，除了可以透過習寫、練算、實作來提升學習效果外，同時也在養成孩子的學習態度。

這麼「神聖」的任務，我自當不敢掉以輕心。

我像是被輸入目標程式的機器人般，沒有收到孩子的作業，誓不罷休，甚至我還把學生拎回家寫功課，也在所不惜。

我就這麼戮力拚搏著，一直到阿睿和小安來到我班上。

為了這兩個孩子，我甚至認真思考了「老師到底要不要催交孩子功課」這個我從來

最後抱他的人

不曾懷疑過的問題。

首先，這兩個孩子真的是暖男。

他們見我中午老是忙著找孩子訂正功課、改作業，總會好心地接過我的碗去幫忙洗，而且為了爭取幫我洗碗的機會，還要早早跟我預訂：「妳今天的碗，我包了。」另一個沒攬上工程的，還會很積極地搶訂：「那麼，明天的碗，我先訂。」

舉凡有什麼需要跑腿、幫忙的事，兩個孩子一定當仁不讓，率先舉手回應。

當聽到我呼喊：「我的〇〇（可自由填入調查表、手機、課本、班費……）放哪兒去了？」兩個偵探總是立刻飛奔過來，幫我一起翻箱倒櫃。

他們還會辦案似的詢問我方才的移動路線。協尋失物的誠意十足。

此外，因為我愛吃零食的壞習慣，常常因此午餐吃不下。阿睿覺得我應該有所節制，因此，很認真地對我說：「老師，我來幫妳規劃一下每天可以吃多少好了。」於是，我的糧倉就被他抄了。

「這（洋芋片、餅乾）每天一片就好。」

「這（軟糖、米果粒）一天不可以超過三顆。」

「這種大型（不過是巧克力bar、鳳梨酥之類）的，一個禮拜一次就好。」

……

除了殷切交代外，每一包零食都還被阿睿貼上「食用須知」。且科任課一下課，他們就要來抽檢一番，就怕我趁他們不在時偷吃，管得可緊。

還有一回，因為被一個孩子惹惱了，我為了虛張聲勢，隨手將杯子重重放下，結果不僅杯子倒了，還潑灑了一桌災難。

兩個孩子見狀，除了幫忙遞抹布、搶救簿本及學習單……忙得風風火火之外，還一邊叨唸：「老師，妳生氣也要看狀況呀。這樣，氣勢反而弱了。」

從此，只要見我生氣，要發作時，小安和阿睿就會搶到一旁，把可能製造禍端的嫌疑品項（包括杯子、水瓶、鐵尺……甚至打火機）全部收走，免得我氣勢受損。

面對這麼溫暖、可愛的孩子，老師很難不愛上他們吧？我確實跟他們挺合拍的，只要別提「交功課」這件事。

也不知道作業跟他們有什麼仇，隔三差五的，他們不寫功課的毛病就要發作一次。

剛開始時，我保證我絕對是有風度的，我還能輕聲細語提醒他們，利用時間在學校補完。

只是，補寫功課時，他們內鍵的「自動斷電系統」就會啟動。常常鉛筆就停在簿子上，沒半點動靜。

我只得把他們叫到我旁邊來寫，以便隨時接電。但隨著時間的流逝，這寫寫停停的模式，仍然持續著。

過一段時間，還補不了一行字時，就真叫人抓狂了。

總是非得等到我責罵人，他們的斷電模式才能修復，而及時趕在放學之前交出作業。

我其實很唾棄自己責罵人的模樣。常常生完氣後，緊接著就是懊悔萬分。

一是覺得自己很沒風度，二是更覺得自己像個巫婆，彷彿只要給我一根掃把，我就可以飛走了。

而實在氣不過時，我也只好請出家長，化身道士，下山收妖，如同小安自己形容的：

「這天我功課又沒帶了，因為已經好幾次了，老師只好請我媽到校處理。當老師告訴我媽媽要親自出馬時，我還不相信，以為老師是嚇唬我的。沒想到，到了吃飯時間，我媽就……真的來到了學校。我們班各大新聞台的SNG車都出動了：苔視、終視、滑視、冥視……，全都在第一線轉播報導。當我媽開罵時，大家都看得目不轉睛，好丟臉喔！所以這道士媽媽可真不是普通的可怕。

現在，就讓我們再回顧一段精采畫面：我那些可惡又可笑的同學，在老師現場為媽媽先改我的聽寫簿時，還幫忙一直抓我的錯字，真是太沒有同學愛了。所以，故意不帶功課這招已經不管用了，我得再想想別招！」

阿睿和小安常常讓我想起住在亂糟糟別墅裡的《長襪皮皮》[1]。慷慨善良的皮皮沒有大人給予的框架，他總是隨心所欲，做喜歡做的事，無拘無束地自在生活。

本來沒有上學的皮皮，因為想「放假」而興起了上學的念頭，否則當其他孩子放聖誕假期時，她豈不是虧大了。

只是，不耐受困於「九九纏法」的皮皮，發現學校裡教的東西一點也不有趣。

而在一個風和日麗的日子裡，當老師在教授除法時，皮皮說話了：「不管是纏法，還是除法，像今天這種天氣啊，應該根本別學什麼『法』的，一定要學的話，那就只有學『玩法』囉！我知道有一所學校，在澳洲南邊，只教玩法，課表上就寫著『整天都是玩法課』。」

我一直很愛《長襪皮皮》。

大學時讀皮皮，就是單純的喜歡皮皮看事情的獨到眼光，為她的自在、自信和天真、幽默傾倒不已。

當了老師之後，再讀皮皮，常讓我反思：如果我是皮皮的老師，我還懂得欣賞皮皮的創見和天真嗎？還是會急著、忙著用一卡車的規矩去框架她嗎？

當皮皮這麼回應老師對她的指責：「老師，如果有個人的媽媽是天使，爸爸是黑人國王，而且那個人好長一段時間都在海上度過，那她當然不知道，在都是蘋果和刺蝟的學校裡，該怎麼守規矩了。」

我也不禁思索著：規矩真有那麼重要嗎？我有去探究過孩子沒能守規矩的背後原因嗎？還有，「九九纏法」真的比「玩法」值得學習嗎？

當阿睿不交作業的毛病又發作，我責罵他一頓後，讓他寫日記「老老實實」交代其中原因時，他果真很「老實」的回應我：「我就是覺得上了一整天學，回家還要寫功課很煩，所以就偷懶不想寫，想說先玩先爽，碰碰運氣看會不會被逮到，如果沒有就賺到了。」

於是，我決定和阿睿好好地討論這個問題。

「阿睿，你那麼溫暖、貼心，老師真的很喜歡你，一點兒都不想跟你翻臉、生氣。但你常常都不寫功課，又會讓我那『收作業』強迫症發作，那樣子真的好討人厭。我認真想了想，如果寫功課這麼痛苦的話，老師陪你一起跟媽媽說清楚，講明白。一次性解決這個問題，如何？」

阿睿當下猛搖頭：「可是不讀書會很沒氣質。」

這時阿睿倒想起我一天到晚掛在嘴邊的「腹有詩書氣自華」。

「可是我覺得都不寫功課，感覺很廢、很丟臉。」阿睿真心地繼續自我剖析。

「那麼，怎麼辦？我也覺得我責罵人的樣子很沒氣質、很丟臉耶。」老師的心靈也是會受傷呀。

「老師，我覺得我還是寫功課比較好。」阿睿似乎下定決心了。

「那麼，如果又沒寫，怎麼辦？我也不想沒氣質呀！」我要阿睿自己想清楚後果。

「我保證會盡量寫，如果又不小心忘記，妳不用罵我，我會自己罰寫一篇日記。」

阿睿說到重點了。

其實他自己是知道後果的，我真的無須讓自己大呼小叫，最後弄得兩敗俱傷。

「那麼，就照你說的辦，但如果我忍不住要發作罵人，你要提醒我喔！」

我們倆達成協議。

阿睿當然沒有從此不再缺交作業，但只要懶散病發作時，他會自動自發的在聯絡本上，多安排一項「日記」功課，然後賣乖、討好地對我說：「妳別生氣，我自己罰寫了！」

甚至，他的哥倆好小安沒寫功課，我忍不住要責罵時，阿睿還會在一旁提醒我：

「老師，氣質、氣質……」

當下，我的氣就消停了。

我很感謝阿睿，他溫暖而不記仇的好個性，某種程度醫治了我的「強迫症」。以前我總是秉持鐵腕作風。沒收到作業，誓不甘休，然而因著孩子的性格，能力，家庭背景等，不管用什麼方法，仍是落得功敗垂成，甚至師生兩敗俱傷的下場。

阿睿讓我明瞭，師生一場，重要的終究是彼此間的關懷、信任和欣賞、尊重。沒有什麼功課重要到非得犧牲師生情誼、玉石俱焚，於是，我也就學著接納孩子和自己的不完美，寬心看待人難免會有想偷懶、耍賴、逃避的時候。必要時，睜隻眼，閉隻眼，放彼此一條生路。

有了這番領悟，我反倒可以懷抱著輕鬆的心，欣賞孩子們各式天馬行空的怪誕計畫，像是：「因應老師查房之教戰守則」、「橡皮擦發財計畫」、「火柴人戰鬥圖鑑」、「石頭神祭拜須知」……他們那本筆記本儼然是班級暢銷書，老是在同學間傳來傳去，想看還得抽號碼牌。

不過，我倒享有禮遇，只要我想看，阿睿和小安肯定會在第一時間幫我張羅到啊。

1《長襪皮皮》，阿思緹．林格倫著，賓靜蓀譯，親子天下，二〇〇八。

睡到天荒地老的阿弘

兒子剛升上中學時，有幸遇上一位願意支持閱讀理念的班級導師。她熱情邀約我進班上，和孩子分享閱讀。

這讓我受寵若驚，因為我的刻板印象還停留在中學老師等於「腦袋只有成績、分數等等數字的阿拉伯人」。

我想這一回，自己可得要好好表現，以回報老師的知遇之情。

老師每一周撥出二十分鐘的課後輔導時間給我。時間雖然不多，但至少足夠我和少年們聊聊書。

我決定採行在國外圖書館已行之有年的「book talk」形式，來和少年們說書。

Book talk活動的發展，一開始鎖定的目標就是青少年讀者。因為這些小大人們有充分的閱讀選擇自由，但他們卻選擇不閱讀。

他們不閱讀的理由，主要來自於對「閱讀」這件事的刻板印象。例如不夠酷，沒有必要，或者是無趣。

透過book talk，由圖書館員來為精采的館藏圖書發聲，讓青少年們有機會獲得更多圖書訊息，進而願意拿起書本閱讀。

我努力思考該和少年們聊些什麼書。

我開始回想我在兒子這個年紀會喜歡的書，大概都是包含青春、熱血、奇幻、冒險、友情、愛情這些動人元素的好故事。這些故事總是把我緊扣其中，讓我欲罷不能。

我多麼希望能將這份閱讀樂趣傳遞給少年們，因此最好聊的就是我自己喜歡得不得了的書，誠如《朗讀手冊》[1]的Trelease所言，如果歐普拉本身不熱愛閱讀，她的讀書俱樂部是不會成功的；就像如果你沒有感冒，你就無法將病毒傳染給別人。因此，在選擇book talk的書單時，我認真地翻閱了我所有的閱讀筆記，仔細瀏覽過我書架上所有的藏書，找出我最心儀，且適合青少年的作品。準備將這些一路陪伴我長大的好朋友們，介紹給少年們。

在和兒子的同學們聊書時，我的身分是媽媽，對他們並沒有太多課堂規矩上的期待。我只期盼他們願意把耳朵打開，我就心滿意足了。

我努力為每周這二十分鐘備課，希望能吸引少年們的目光。

每一回聊完書後，我都會將書留下，鼓勵他們借閱。

老師曾經跟我分享，我留下的書，少年們總會搶著借，這讓我很有成就感，和少年們也就聊得更上心了。

不過，在課堂上，我發現有個男孩子老是趴著睡覺。

我沒敢多吵他，心想或許是因為最後一節的輔導課，他體力不支了。

但兒子卻跟我說，阿弘每天從到校的第一節課就開始睡。中午起來吃個飯，中場休息一下，伸伸懶腰，然後繼續地老天荒的睡到放學去。

等回到家後，那才是他一天的開始——線上遊戲開打。

「他的家人都不管他嗎？」我問。

「他爸爸也連線一塊兒打呀！」

這就難怪了……

「那他還要不要讀書呀？」

「其實阿弘挺厲害的，只要考試前下課十分鐘翻翻書，就會及格了。」

聽兒子這麼說，我心裡不免為這孩子感到可惜。

眼下的日子過成這樣，他日後可得付出什麼樣的代價來彌補這一切呀？

有一回，我和少年們聊到倪匡的科幻小說，其中的《後備》[2]一直是我的最愛。

《後備》是一個關於複製人的故事，創作於一九八一年。在那個年代，甚至連複製羊桃莉在哪兒都不知道，但倪匡已經藉著衛斯理故事中最神祕的「勒曼醫院」，展開他的複製人想像計畫了。

「勒曼醫院」以「後備球員」的概念，說服有錢有勢的人拿出鉅額資金，製作複製人，以備日後器官老化，更替之需。

故事就從這裡展開……我繪聲繪影地形容那「勒曼醫院」有多陰森鬼氣。

其實我當時對於倪匡的想像力佩服得五體投地，再加上故事懸疑、精采。當年我幾乎顧不上隔日的考試，非得一口氣讀完它。

當我講得正開心時，我不經意地瞥見阿弘醒過來了。

阿弘似乎撐著頭，聽我說書。

這個意外的發現，讓我不禁精神百倍，說得更起勁了。

隔周book talk之前，我隨手翻閱班級的課外書借閱本，赫然發現阿弘借閱了《後備》，我超級開心。

「阿弘，你借了《後備》呀？」

我見阿弘還沒趴下，抓緊機會問他。

「嗯，還不錯看！」

哇，阿弘還肯給我回應，真是超有成就感。

「你真是太有品味了，這本可不容易讀，你還能覺得不錯看，可見你的閱讀能力可不是一般般呀！」

我真心讚賞阿弘。

阿弘的嘴角微微上揚，一副小小得意的模樣。

那一堂課，阿弘很給面子，他沒再趴下去睡。

往後，在我聊書之前，如果發現阿弘趴著，我總會走到他的座位旁，搖他兩下：

「起床啦，阿弘！」

阿弘其實也算好說話，經我這麼一吵，他十之八九會撐起身子，聽我說書。

更棒的是，阿弘的名字仍然持續出現在借閱登錄本上，而只要逮著機會，我總會試著和他聊兩句。

我真心期待，就算阿弘現階段找不到什麼努力的目標，但只要他肯持續閱讀，或許，哪一天，那一本觸動他心弦的啟蒙書就能來到他眼前，引領他看見自己的無限可能。

我就這樣和少年們聊了一年書之後，和班上的孩子也漸漸熟稔。

休業式那天，我去接兒子放學。心想快樂暑假即將展開，一起去吃義大利麵，小小慶祝一番。

剛好遇見阿弘，就順道邀他一起去。阿弘也欣然答應。

「阿姨，我想跟妳說一件事。」

一坐下來，阿弘就下定決心似的。

「什麼事？儘管講！」

我認真地看著阿弘，鼓勵他開口。

「我爸爸媽媽離婚了。我很久沒看見媽媽了。」

我沒想到阿弘會突然跟我說這件事。我心裡滿是不捨。

「你想念媽媽嗎？」

是我讓他想起媽媽嗎？

阿弘聳聳肩：「我很小的時候，她就走了。我都快忘了她的樣子。」

「大人的事，我們小孩常插不上手，也無能為力。但那一部分，我們雖然使不上力，不過，過好自己的日子，卻是你可以努力的。你很勇敢，這麼一路照顧自己。有任何需要阿姨幫忙的地方，可以盡量跟阿姨說。」

如果可以的話，我真想抱抱他，但就是擔心青春期的少年彆扭。

那是我最後一次見到阿弘。

八年級之後，兒子的班級換了導師，新任導師希望孩子全力為升學考試做準備，不再鼓勵他們閱讀課外讀物，我的book talk計畫也只能畫下句點。

我絕對尊重每一位老師的班級經營考量，但就是不免有點小遺憾。聽兒子說，阿弘一樣每天在學校地老天荒的睡著，反正只要不鬧事，老師也不會為難他。

我一直很掛記阿弘，每每想到他，總會在心底默默為他禱告。希望阿弘一定要好好照顧自己。如果可以的話，但願他也能夠讓書有機會陪伴他。

1《朗讀手冊》，吉姆．崔利斯著，沙永玲譯，天衛文化，二〇一五。
2《後備》，倪匡著，風雲時代，二〇一五。

輯三

從不放棄，以閱讀翻轉人生

這座「閱讀的移動城堡」載著四千多冊的圖書，巡迴花蓮十三個鄉鎮，服務了四十八個偏遠部落，行進的公里數都可以繞行台灣十二圈了。

老師，我想告訴妳我的祕密

二〇〇三年，剛來到花蓮市明義國小時，我不曾想過要碰學校的圖書館。當時的圖書室不僅硬體環境不甚理想，其間的圖書更是老舊不堪，且陳列雜亂。這要整頓下來，肯定得耗費不少心力。

在繞了一大圈之後，終於在公立學校安頓下來的我，不再是那隻只問理想，不管、不顧的叢林小白兔，行事上保守很多。

我在自己班上規劃一個小小閱讀區。我和班上的孩子一起分享閱讀，領略兒童文學之趣，小確幸地過過夢想中的兒圖館員癮。

但在二〇〇九年，我意外領受了教育部給的大禮，正式成為學校的「閱讀推動教師」。

我沒想到當初天真又傻氣的夢想，會在十九年後成真。

那一刻，看著手上的那紙派令公文，我的眼淚都掉下來了。

由於曾經在兒童圖書館跌過跤，讓我學會謙卑，也學會等待。我知道在兒童閱讀的經營上，不是一蹴可幾的。

很多孩子或許不會在引導的當下，即刻愛上閱讀，但是這顆種子有一天或許會在適當時機成熟、發芽。

重點是在學習歷程中，隨時有人和他們聊書，特別是高年級的孩子。

高年級的孩子未必不喜歡閱讀，只是一個人不可能對不知道的事物感興趣。我們常說閱讀是站在巨人的肩膀上，可以幫助我們看得更高、望得更遠，但若孩子根本連這些書都不曾，也沒有意願打開，他又如何知道自己錯過些什麼呢？

因此，我定調自己的閱讀教師重點工作，就是以一個資深讀者的角色，與五年級的孩子聊書，擔任這些精采文本的代言人。

我希望的是，孩子永遠會想去找下一本書閱讀。我期待孩子能夠成為「悅讀者」。

我就這麼領著五年級的孩子，聊了幾年書。我真心覺得當閱讀教師最幸福的一件事，就是和孩子「以書會友」了。

學期的開始，我總會請他們告訴我五年級以來最愛的書。如果答案是我推薦的書，我會很有成就感。倘若是我沒讀過的書，我就會很好奇的想借來看看。

例如有個小女孩的作品，永遠讓我眼睛一亮，我想她以後肯定會成為漫畫家。她還因為我對她作品的讚賞，好心送了我一幅典藏。

而她最喜歡的書是《咖啡館推理事件簿》[1]，我甚至完全沒聽過。

「老師，真的超級好看的。我借妳！」

然後，隔天那一整套書就很阿莎力的躺在我桌上了。

我當下油然而生的那種幸福感啊，至今想來，仍不禁讓我嘴角上揚。

這真是當閱讀教師的一大福利呀！

從此，這女孩只要看見我，老遠的就揮手問：「妳看書了嗎？好看嗎？」

於是，那陣子我放下手邊所有的待讀書，全力拚讀那套書，好對她簡報心得。

就這樣，我也隨著孩子們閱讀了更多文本，也順便收集了更多課堂談資。

一天，我在路口站導護時，一位胖胖的小男孩來到我面前，他很認真的對我說：

「閱讀老師，我們班這周借的《銀河鐵道之夜》[2]，我看完了，好好看呵！」

「哇，你不容易耶。這本書不是走奇幻冒險路線的，你能讀完，又覺得好看，表示你的閱讀能力可不是一般般！」我是真心讚美他的。

因為小男孩的導師曾經對我說過，這傢伙一拿起書就打瞌睡。

「那本書的喬凡尼跟我好像。以前學校的同學也都會嘲笑我、欺負我……我覺得好像看到自己，好感動喔！這是我第一次看完全部都是字的書。」

我真欣慰他找到知音書。

「你好棒！」我拍拍他的頭。

「反正家裡也沒人跟我玩。我發現看書時，時間一下子就過去了，都不會無聊。」

我很開心小男孩願意讓閱讀成為打發空白時光的選項之一。

隔壁班的老師也跟我分享，她班上現在就讀高中的孩子返校探望，她請高中生們和五年級孩子分享中學的生存之道。

提到霸凌問題時，五年級孩子的回應是：「遇到霸凌就看書呀！」

老師問他們哪來這麼酷的點子。

「許慧貞老師在閱讀課時教我們的！」

中學時，我是個中二得要命的白目小孩，弄到自己都沒朋友。

當班上的女生一群一群開心笑鬧的聊天時，我總是落單的那一位。

在不知所措之下，我就翻開書本裝忙，但裝著裝著就認真讀起來了。

當時我覺得書真是我的好朋友。永遠不會不理我，隨時可以讓我遁入其中，逃離周遭的紛紛擾擾。

大概就是從那時候開始的吧，無論我走到哪裡，都得帶上一本書防身。只要有書看，我就什麼都不怕了。

曾經的心路歷程，當時的五年級孩子不僅聽得津津有味，還將之視為對抗霸凌的絕招，真是讓我深感榮幸。

難讀的書，常讓五年級的孩子望之卻步，他們需要一點的提點與刺激。

以《洞》[3]這本書為例，我一直喜歡的不得了，但是多線情節並進的陳述方式，讓許多孩子因此覺得劇情跳躍，難以連貫而放棄閱讀，這實在太可惜。

其實書中的詛咒輪迴情節相當吸睛。孩子只要再多點耐心，一定會喜歡的。

因此當我和孩子們聊這本書時，我就從主角的姓名「Stanley Yelnats」來切入。這名字是個迴文，相當有趣，是那種可以跟人家打賭「我名字給你倒過來寫」也不怕輸的好賭本。

我把這名字秀在投影螢幕上，給孩子三十秒鐘的時間，要他們試著找出其中的玄機。然後，導入輪迴的梗，帶入詛咒的情節。

「但是，閱讀這本書可不容易。你們若能通過考驗，保證愛死這本書！如果你還沒準備好，也千萬別勉強自己。六年級再看，也行的……」

接著，一堆受不了挑釁的孩子們就要搶借這本書。

而在聊這本書之後，總有孩子跑來對我說：「《洞》好好看，一點兒都不難！」

「太厲害了吧，那麼表示你的閱讀水平可是很高的呀！」

看他們一個個搶著跳進我的閱讀陷阱，我心底可得意呢。

對於身處人生困境的孩子，故事或許也可以提供他們一個疏通情緒的管道。

在《親愛的漢修先生》[4]一書中，小男孩對自己人生的詮釋是：「我覺得悲傷，同時也感到欣慰」。和五年級的孩子聊這本書時，我介紹故事中那位勇敢的單親小孩對爸爸的盼望與失落，以及他如何努力，讓自己看似不怎麼樣的人生過得有滋有味。

課後，一個小男孩特地千里迢迢從另一棟大樓來到我的教室。

小男孩遞給我一張紙條。他靦腆的跟我說：「老師，你等一下再看。」

小男孩在紙條裡和我分享他與書中主角類似的境況。故事主角的遭遇，給了他一些感觸。

「我沒有告訴任何人，我的爸媽已經分開的事，但聽完漢修先生的故事，就覺得很想跟老師說。把祕密說出來後，心底有一種很輕鬆的感覺呢。」

看著小男孩滿紙真誠的話語，我心想著這祕密是如何壓得他透不過氣來，而我能做的就是找出我最好的信紙，回應他的一片真心。當然，我還要送小男孩一本現階段他需要的書。

人生本來就不容易。期待透過閱讀，小男孩可以在其中領悟自己並不孤單。雖難免悲傷，但同時也多少伴隨著成長的欣慰。

楊照在《理性的人》[5]一書中，提及愛爾蘭裔的美國歌手麥寇梅克一生至少錄過八百三十張唱片，他說明了自己選擇唱些什麼曲子的基本原則：「第一，他優先唱自己喜愛的歌；第二，他要唱觀眾應該喜愛的歌，那種因為不夠常聽，所以觀眾才無法愛上的歌，他要多唱，唱到觀眾能被好歌迷住；第三，他唱自己家鄉愛爾蘭的歌，因為唱這些歌，永遠讓他的心中充滿感情；最後，他才考慮聽眾想聽的歌。」

楊照認為麥寇梅克會灌這麼多的唱片，他的企圖心不僅在「娛樂」觀眾，他還要「教育」觀眾。

身為閱讀教師，我把麥寇梅克的選曲原則放在心上，也期待孩子們的閱讀書籍，不會僅僅停留在「娛樂」層面，更希望小讀者藉由我的聊書，找到滋養心靈的美好故事。

---

1 《咖啡館推理事件簿》，岡崎琢磨著，Shion譯，麥田，二〇一七。
2 《銀河鐵道之夜》，宮澤賢治著，周姚萍譯，台灣東方，二〇一六。
3 《洞》，路易斯．薩奇爾著，趙永芬譯，小魯文化，二〇〇七。
4 《親愛的漢修先生》，保羅．歐．傑林斯基著，柯倩華譯，台灣東方，二〇〇三。
5 《理性的人》，楊照著，麥田，二〇〇九。

花蓮的「圖書騎兵隊」

一九三〇年代，美國面臨了前所未有的經濟大蕭條，為了解救民眾於失業恐慌中，當時的羅斯福總統實施了一項名為WPA（Works Progress Administration）的措施。其中，有一個讓我非常驚豔的計畫——「馬背移動圖書館」（The Pack Horse Library）。

「馬背移動圖書館」聘僱的都是在地的女圖書館員，稱為「Book Women」。一年四季，不論晴雨。破曉時分，她們就騎著馬出發。無論是積雪的丘陵小徑，或是泥濘小溪，女圖書館員只為將書送進偏遠地區，交到那些期盼閱讀的人們手中。

在饑荒交迫的不景氣世代，這一項計畫顯得特別浪漫。即便物資匱乏，但透過閱讀，翻開書頁的同時，也等於開啟另一個時空，讓人們得以暫離現實紛擾，優游於自己的想像世界。

我多希望自己也是那《圖書騎兵隊》[1]的一員。上馬遞送閱讀，傳播希望，多帥呀。

我一直把這樣的夢想放在心上，所以我成為孩子們的閱讀推動教師，引領孩子一本書一個世界的穿梭、探索，讓整個宇宙在這些書頁間伸展開來。每一個孩子，無論貧、富，都應該享有這樣的機會，但若是位處偏遠地區的孩子呢？

在《驢子圖書館》[2]一書中，有一位哥倫比亞的教師路易士，他提供了最動人的解答。

十多年來，每逢周末，路易士讓驢子載滿書，不辭辛勞地將書本送進偏遠山區，只為了能讓孩子看到更寬廣的世界。

因為路易士，這世界有了更多的傻瓜，總是克服萬難，也要將書送到孩子手中。這其中，也包括新象繪本館的創辦人——陳麗雲醫師。

美國思想家梭羅筆下的「傾聽自己的鼓聲前行」（march to your own drummer），曾經鼓舞了那些勇敢放下世俗的眼光，追隨自己心底聲音前行的夢想實踐者。

成長於台南鄉下，卻長期為花蓮這片土地奉獻的陳麗雲醫師，便是聽見來自後山鼓聲的呼喚而來的仁醫。

在我的心目中，陳麗雲醫師是俠女一般的存在。從拯救雛妓到爭取早產兒生存權，她一直默默奉獻。

為了讓偏鄉部落的孩子也有閱讀的機會，她懷抱著和路易士老師一樣的夢想，成立「新象社區交流協會」。上山下海的帶著書，往花蓮的各個角落送。

受限於經費，新象買不起上百萬的行動圖書車，於是克難地將貨櫃屋改裝成行動式的繪本圖書館，一樣可以巡迴下鄉，並在每一個據點停留一個月的時間，讓村落的孩子可以就近閱讀。

偏鄉的孩子總是將閱讀和教科書畫上等號，所以在課餘時間，他們玩都來不及了，誰還要讀書呀？

為了吸引更多孩子們的參與，新象的夥伴想出了一個妙點子。

他們推出「繪本上菜」的活動，集思廣益蒐集一系列和食物有關的繪本，例如《一片披薩一塊錢》[3]、《石頭湯》[4]、《環遊世界做蘋果派》[5]……除了可以將精采的故事介紹給孩子們外，還針對每一本書，研發出方便領著孩子動手做的相關料理，既可以滋養心靈，又可以慰勞肚皮。

因為一提到吃，哪個孩子能不動心呢？

就這樣，我們成功地吸引了村落的孩子，來參與新象的歡樂故事派對。

這座「閱讀的移動城堡」就這麼載著四千多冊的圖書，巡迴花蓮十三個鄉鎮，服務了四十八個偏遠部落，行進的公里數都可以繞行台灣十二圈了。

在四年不算短的日子裡，「行動閱讀貨櫃屋」南征北討、日曬雨淋，屋頂甚至還曾被颱風颳起，加上移館時的吊、拖、拉，貨櫃屋開始鬆動、腐鏽。遇上大雨，裡頭也要跟著下小雨。

種種不利貨櫃屋繼續執勤的問題一一浮現，基於安全考量，我們終得讓它功成身退。

只是，下一部行動圖書館呢？

陳醫師很有智慧地對我說：「不強求的。我們就把這希望放在心上，等待機會來臨。」

我想，新象的夥伴這麼幾年奔波下來，也真夠辛苦了，是應該喘息一下啊。

不過，我們並沒有休息太久，在一次台北國際書展「啟動在地閱讀力量」的論壇中，我們的故事感動了前來參與講座的信誼基金會張杏如執行長。她現場慷慨允諾，捐贈新象一輛圖書車，我開心得都要飛起來了。

倒是陳醫師鎮定，她說：「開心一天就好了，接著可有得忙了！」

好不容易，我們把「小太陽ㄅㄨㄅㄨ車」給盼來花蓮。以前的貨櫃屋因為體積龐大，移動不易，許多路徑狹小的部落，根本難以進入。新一代的「ㄅㄨㄅㄨ車」自備有四個輪子，路開到哪兒，我們就可以往哪兒去，來去自如。

「ㄅㄨㄅㄨ車」剛來時，我們連假日都捨不得讓它乾晾著，總想方設法地溜著車，往小孩可能出現的地方去。

有一次，我隨著新象夥伴來到一個濱海小村落。那一天是假日，整個村落仍像沉睡般安靜。

該上哪兒找孩子呢？於是，我拿著大聲公穿梭巷弄間，扯開嗓子播送：「小太陽ㄅㄨㄅㄨ車來了、小太陽ㄅㄨㄅㄨ車來了。我們準備了好看的故事書、好玩的遊戲，歡迎大朋友、小朋友一起到部落廣場同樂……」

剛開始時，其實挺尷尬，因為整條不見人的村落巷道，就我一個人發出聲響。

還好沒多久，一顆好奇的小腦袋就冒到我跟前來。

我開心地邀請他：「小朋友，你可以帶阿姨去找更多小朋友一起來玩嗎？」

這可愛的孩子幫我提著揚聲器，信任地陪著我招攬小客戶，熱情地為我指點哪個人家裡一定有小孩。

於是，跟在我後面的小蘿蔔頭愈來愈多。

大夥兒呼朋引伴，一趟路程下來，我就收集到村裡一半的小孩。

那一天，我為小朋友準備了Allen Say的《紙戲人》[6]。

在還沒有電視出現的年代裡，日本孩子最企盼的就是騎著裝載紙戲台單車的紙戲人出現，那小戲台下有個裝滿糖果的木箱抽屜，孩子們跟他買糖果，也聽他說故事。那一些故事彷彿永遠沒有結局。每當故事來到緊要關頭時，就會戛然而止，且待下回分解，讓人直掛著心，企盼隔日的續集。

然而，電視出現後，孩子們紛紛把目光轉向螢光幕。紙戲人不得不黯然告別街頭。

故事的最後，已經是老爺爺的紙戲人，再次出現在街頭，緬懷過往。那些曾經舔著糖，聽爺爺說故事的小毛頭，已然長成大人。

最後抱他的人

他們圍著爺爺，一起回憶那甜蜜的午後時光。

這本書讓我很動心，覺得那跟著「ㄅㄨㄅㄨ車」山海巡迴的自己，不也像個現代版紙戲人？

那日午後，我和孩子們說著故事、吃著糖果、玩著遊戲。

從孩子晶亮的眼神、愉悅的笑容中，我恍然領略紙戲人爺爺重回街頭的那片心思。

夕陽西沉，黃昏到來，是ㄅㄨㄅㄨ車該離去的時刻了。

那早先陪著我行走江湖的小男孩，眼巴巴地望著我問：「妳什麼時候還要再來？」

花蓮這麼大，偏鄉部落又那麼多，我真不敢說自己是否有機會再訪。

然而，面對這麼認真的臉龐，我一點兒不願敷衍他，決定誠實道來：「雖然不知道，但你告訴阿姨，喜不喜歡看故事書？」

小男孩用力點頭。

「那這本書送給你，希望你喜歡！」

我只能用書回報他，伴我穿街越巷的一番情誼了。

小男孩開心地抱著書，跟我道別，甚至追著車子，不斷揮手，跑上好一段路，才停步，凝望車子遠離。

那小小的身影，深深烙印在我心上。

如果可以，我真希望把整車的書都留下來陪他。

回程路上，我腦子不斷縈繞著一個問題：我來了，但我又走了。我帶來一車子的書，點燃孩子對閱讀的想望；但短暫停留後，終究又得帶著書離去，這閱讀的火苗該如何延續？我真的是去幫忙的嗎？然而，我又該如何將書留下？我可沒本事經營更多圖書館了……

後來，我很少再跟著車子到處跑了，因為我無法承受下一個孩子再來問我：「妳什麼時候還要再來？」

這個問題就這麼一直掛在我的眉間心上，直到有一天，朋友傳來一個讓我眼睛一亮的閱讀訊息——「小小自由圖書館」（Little Free Library）。

那是一個發源於美國的社區運動，鼓勵民眾分享彼此的藏書。小小的書櫃由在地人創意製作，立在社區民眾可及之處。

「小小自由圖書館」的訴求為「take a book, return a book」。藏書主人鼓勵社區民眾可以自在借閱，歡喜歸還。自由捐書，有進有出，以創造更多閱讀交流的機會。

這個活動讓我想起傳統台灣鄉間的樹下「奉茶」，那茶滋潤的是往來行人乾渴的口；而這「小小自由圖書館」則是路邊「奉書」，潤澤的是往來行人的心靈。

這不正是我可以將書本留在村落的方法嗎？「小小自由圖書館」不需要館員，也不必辦借書證。我們只要在部落裡找個據點人家，將書箱矗立門前，由新象定期換書、補書，部落的村民不就可以有書讀了。

我很感謝有親愛的女俠陳醫師，她永遠包容，並欣賞我一切天馬行空的怪點子。只要是行得通的，陳醫師就會想方設法地為我點夢成真。

這一回的「小小自由圖書館」也不例外，而且還大手筆的一口氣設立七座，在山邊、在海濱，甚至在醫院，來往行人、村民、鄉民，只要願意，都可以成為我們的讀者，「自在借閱，歡喜歸還」。

這其中，當然也包括我那位江湖小夥伴的村落，是他追著車子跑的身影，成就這一切的。

1《圖書騎兵隊》，海瑟漢森著，大衛司摩繪，陳郁婷譯，格林文化，二〇一九。
2《驢子圖書館》，貞娜．溫特著，馬筱鳳譯，典藏藝術，二〇一一。
3《一片披薩一塊錢》，郝廣才著，朱里安諾繪，格林文化，一九九八。
4《石頭湯》，瓊．穆德著，馬景賢譯，小魯文化，二〇〇四。
5《環遊世界做蘋果派》，瑪尤莉．普萊斯曼著，李永怡譯，維京國際，二〇一四。
6《紙戲人》，艾倫．賽伊著，劉清彥譯，和英文化，二〇〇五。

妳是那個跟我們說《勇氣》的老師

當我來到花蓮之後，我特別感受到鄉鎮圖書館的重要性。鄉鎮圖書館幾乎是鄉鎮居民唯有的閱讀管道。

我雖然當不成「真正的圖書館員」，但只要有機會，我很樂意支援鄉鎮圖書館的活動。偶爾客串一下圖書館人，過過乾癮，也不錯。

有一回，應光復鄉圖書館之邀，和在地的家長分享親子共讀的經營之道。那一場講座，破天荒的來了六位居民，而且全程眼睛亮亮的聽我分享，我超級感動。

其中一位服務於第三部落的社工小風，她很積極地向我提到部落的聚會所剛完工，她打算爭取經費，在那兒規劃一個小小閱讀區，希望我也能將親子共讀的概念帶進部落。

小風的熱血回應，很讓我動心。縱使第三部落在荒遠的山邊，我還是爽快答應了這項邀約。

只是，在我依約前往部落聚會所時，會場卻只有我們兩個人。

「他們明明有答應我要來的。老師，妳再等等，我去找人。」

小風心急如焚地張羅聽眾去了。

我抱著帶去的一大袋書，坐在聚會所的台階上，欣賞著青綠山頭間的藍天白雲，那根本活脫脫是宮崎駿動畫裡的夏日景致，我彷彿來到《龍貓》的靜謐村莊，或許再往山林走深些，還真能看見坐在樹梢上的龍貓呢。

白日夢還沒作完，小風滿頭大汗的帶回兩位一臉無辜的居民。

一位是操著族語的老奶奶，一位是懷抱著奶娃的年輕媽媽。

我看著我的兩位聽眾，還有那個應該聽不懂我說什麼的小寶寶，心想，這場演講可精采了。

果不其然，老奶奶也就是很盡本分的坐著，似懂非懂地看著我賣力演出。老奶奶的眼光不時飄向窗外，一副不知所云的模樣。

小娃娃一開始睡得香甜時，媽媽倒還算興味的看著我帶去的書。只可惜，我們倆一時聊得忘我，不小心吵醒小寶寶，小傢伙隨即放聲大哭，以示抗議。就這樣，唯一和我有共鳴的聽眾也無心戀棧了。

我完全可以體會媽媽此刻的心慌意亂。我索性放下手邊的書，陪著哄小娃娃，順便與媽媽聊聊育兒經。

我心想著，下回應該託小風帶兩本寶寶書送給她。我這回帶來的繪本，小寶寶一時之間還讀不上呢。

這一場分享會就這麼草草收場。

小風的眼底盡是無奈，她原本還夢想遠大的規劃了兩個場次，但看這結果，她可能鼓不起勇氣再辦一場了。

「老師，我看家長部分實在太難突破，我們下一場直接鎖定孩子們，如何？反正我們部落的孩子也是很自立自強，大人多半沒在管的。」

這也合我意，小朋友完全是我的菜。

我是個天生的兒圖館員，很會和小孩聊書的，特別在這個時候，我更需要看看小朋友聽故事時眼底的光芒，療癒一下我失落的心。

有鑑於對第一場次的掉以輕心，致使效果不彰，小風可是卯足勁，規劃小朋友場次。她還商借了學校的教室，希望整個村落的小孩都能來參與。

看小風如此投入，我自然也要傾力相助。

這一回，我不只準備了故事，還特地去張羅了精緻的巧克力糖，期待和小朋友共度一個甜蜜的故事派對。

我為小朋友們準備了伯納・韋伯的《勇氣》[1]，這是一本既可愛又溫暖的小書。韋伯以孩子的眼光，採集生活裡每一個需要勇氣的吉光片羽。

例如：

「勇氣，是有兩支棒棒糖，卻能留下一支，等明天再吃。」

「勇氣，是跟朋友爭吵之後，先握手言和。」

「勇氣，是九局下半，同比數，兩出局、滿壘，正好換你上場打擊。」

「勇氣，是聽到大八卦，卻答應要守口如瓶。」

……

書裡提到的每一項勇氣，都讓我憶起童年的過往曾經。

那些在大人眼裡看似無足輕重的一樁樁小事，孩子們可是都得費好大的心神，去掙扎、徘徊、三心二意、來來回回的思前想後。每個決定的當下，確實都需要很大的勇氣。

韋伯鄭重肯定了孩子的這番努力，真誠地為每個勇敢的孩子喝采。我特別喜歡藉由此書，和孩子聊「勇氣」這個話題。韋伯誠摯的文字，總能引領孩子看見，並肯定自己每一個勇敢的當下。

更棒的是，透過分享，孩子們可以看見原來每個人都這麼努力地生活著，發現自己一點也不孤單，然後帶著更多的經驗值，去面對每一個需要勇氣的時刻。

和孩子們分享完這本書之後，我發給每個孩子一張裁剪成心形的書面紙。我請孩子們寫下每個人認為當下的自己，最需要的一項勇氣，再把一顆顆勇敢的心，集結成屬於大家的「勇氣之書」。

在孩子們寫作的同時，我特別播放了我最鍾愛的室內樂卡農，期待他們能沉浸在優雅的樂音中，和自己的心對話，享受寧靜創作的時光。

在孩子們那一張張認真、沉思的可愛臉龐中，我看見了村落最美麗的風景。

孩子們寫作時，我就在行間來回巡視著。其中一個老咬著筆桿發呆的孩子，特別引起我的注意。

我蹲在孩子身旁問，是否需要幫忙。
孩子靦腆地搖搖頭。他還用手，半遮著自己的作品。
我摸摸孩子的頭，請他加油，也把時間留給他。
當寫作時間告一段落後，也就是孩子們跟大家分享自己勇氣的時刻了。
我把精心準備的巧克力糖，獻給每個勇敢的孩子，並祝福他們新年快樂，孩子們也回報我純真的滿足笑靨。

其中一個小二的女孩，她的勇氣特別讓我動容。
上台接受訪問時，女孩整個人很撒嬌地倚在我身上。她的大眼睛眨巴眨巴地望著我，認真地宣告：「我的勇氣是，媽媽跑掉的時候，我沒有哭。」
這確實需要很大的勇氣，聽得我好心酸。
但我只能給她一個大大的擁抱，真心地讚賞她：「妳真的好勇敢！」
「我爺爺說她是壞女人！」她幽幽地對我補充。
唉，這些大人，就非得把自己的情緒發洩在孩子身上嗎？真是好氣人！
我抱著小女孩，誠懇地告訴她：「沒那回事。光是把妳生得這麼漂亮、可愛，媽媽就做了一件最棒的事！」

小女孩眼睛亮亮的看著我，給了我一個滿意的微笑。

還有之前咬著筆桿發呆的小男孩，我注意到他一直在觀望著，直到最後我邀請他上台時，他還深吸了一口氣，才走上前來。

小男孩很害羞地看著大家，一句話都講不出來。

我問小男孩：「那麼，你把那張勇氣之心給我看，我幫你告訴大家，如何？」小男孩猶豫地遞出手上的紙張，滿臉盡是擔心。

那一張勇氣之心畫了一個小孩在丟球，一旁是寫了又擦，擦了又寫的注音符號，看得出來是費盡心思才拼寫出來的：

「ㄩㄥˇㄑㄧˋㄏㄠˇㄑㄧˊㄛㄨㄡˇㄧˋㄠㄉㄧㄛ」

很明顯地，小男孩和ㄅㄆㄇ奮戰得很辛苦。

「ㄡ」、「ㄛ」分不清，弄不明，再加上倒裝句法。我可以想像，這樣的語句若出現在國語習作上，肯定要滿江紅的。

這小男孩在學習路上，應該沒少吃苦吧？

我猜小男孩一定很擔心我看不懂，其實他畫上那麼可愛的插畫，我根本是可以輕易判讀的：「你的勇氣，是要成為會丟好球的人，對不對？」

這部落小學是以棒球為發展特色，男孩們個個是棒球迷呢！

小男孩見我居然看得懂，整個臉都笑開了，用力地跟我點點頭。

「真是太棒了，祝你新年快樂！」

小男孩開心地接下我的巧克力糖，如釋重負地跳回他的座位。

其實，我也是來了花蓮之後，有一回在新象繪本館找書時，翻出一本太魯閣族語和中文對照的童話繪本《巨人》[2]，才赫然發現，原來太魯閣族的語法和漢文的語法，居然有這麼大的差異。

例如：「你聽說過巨人嗎？」太魯閣族語是這麼說的：「聽過你巨人嗎？」幾乎等同於英文的倒裝句。

也就是說，孩子在家和爺爺奶奶講的母語，若是直譯成中文，出現在國習的造句上，老師是要打叉的。

在那當下，我真覺得原住民的孩子真是辛苦了。學國語對他們來說已經是大工程了，卻還得多上一道翻譯的功夫。

此刻，我真慶幸自己只是個故事分享人，只要單純的透過故事，和孩子們開心對話，不必押著他們和ㄅ、ㄆ、ㄇ辛苦奮戰，只需心領神會，任務就算達成。

但是，我也同時意識到，正因為如此，孩子們更需要閱讀，透過有趣的故事、精采的插圖，一本又一本的讀過，累進經驗值，孩子們才能漸次拿下語文理解能力。

我將這本珍貴的「勇氣之書」交給小風。

小風給了我一個大大的擁抱。她肯定這場甜蜜的故事派對，直說要把這書擺在部落閱覽室和大家分享。

孩子們熱情地跟我道別，要我一定得再去找他們玩。

在這一刻，我多麼希望自己能是他們的圖書館員，能在地的用更多的故事，陪伴他們長大。

旅居芬蘭的「北歐四季」在一篇生活札記中，提到地方報紙上刊出小城圖書館號召所有的市民，一起用「借書」來慶祝在圖書館耕耘了四十年的館員榮退，藉以向「最好的圖書館員」致敬。

「北歐四季」抱著共襄盛舉的心情，走進圖書館借書，不斷聽見民眾的問候聲：

「我真的非常非常謝謝你，一直以來這麼好的服務……」

「今天是你服務的最後一天，我們只想特別來看看你……」

「今天是我們最後一次，從你這裡借還書了……」

這溫馨的畫面，讓我覺得好暖心。

我真心覺得圖書館員是一份很美麗的工作，能陪伴讀者在閱讀的密林間穿梭前行，在燈火闌珊處，尋獲想望的書。那份發現的喜悅，確實讓人成就感十足。

一年之後，新象繪本館舉辦耶誕活動，我們邀來了幾位部落的孩子同歡。

一個孩子興奮地拉著我問：「妳是那個跟我們說《勇氣》的老師，對不對？」

我驚喜得不得了。

經過一年了耶，他居然還認得我呢……

1《勇氣》，伯納・韋伯著，幸佳慧譯，小魯文化，二〇一三。

2《巨人》，拿難・達道、娜芷・莫那著，人光出版社，一九九八。

我想成為麵包師

當前美國第一夫人蜜雪兒・歐巴馬在總統就職典禮上，穿上吳季剛所設計的典雅禮服亮相時，台灣各家媒體的鎂光燈都聚焦在吳季剛身上，稱他為「台灣之光」。然而，吳季剛跟媽媽報喜時，說的第一句話，竟是：「媽媽，我幫妳爭回面子了，再也不用擔心別人會笑我們了。」

看到這一段報導時，我心底很納悶：為什麼在如此榮耀的時刻，吳季剛掛在心上的竟然是「再也不用擔心別人會笑我們了」呢？

原來，吳季剛從小就跟一般的孩子很不一樣。

吳季剛玩洋娃娃，運動完全不行，數學超級爛，很不像一般的男孩子。

我能夠想像吳媽媽要帶吳季剛這樣的孩子，須面對多少的壓力；更佩服吳媽媽的萬般勇氣：接受兒子的與眾不同、功課不突出，甚至帶著他遠赴異鄉，只為讓吳季剛能專心做自己，追尋及發展自己的興趣。

吳季剛和媽媽在電話兩端的喜極而泣，也讓我跟著流下兩行清淚——想著自己上了國中的學生們，有多少像吳季剛這樣懷抱夢想的孩子，原本燦亮的眼睛，卻在永遠考不完的考卷，怎麼也上不夠的補習班課程中，漸漸黯淡下來……

兒子國一時曾經告訴我：「媽媽，我發現第一次月考的時候，我們班那些數學、英文考不好的人，至少都還有五、六十分。但是，第二次月考之後，分數就變得愈來愈難看，甚至連個位數都有。然後，感覺就再也拉不起來了。」

在孩子還小時，他們對這個世界充滿了好奇心，總以千百個「這是什麼？」「那是什麼？」來認識周遭的環境。這個階段的孩子對於自己的學習能力充滿自信，就算遭遇困難，還是願意相信，只要自己再努力一些，下一回一定會有更好的表現。

然而，這份自信卻隨著年齡的增長，一點一滴地被磨蝕掉。來到高年級之後，學生之間的程度差距愈來愈大。對於學習成就低落的孩子，充滿挫敗感的考試成績，就好像迫使孩子不斷地在上一堂「你好笨」的課。

這份習得無助感（Learned Helplessness）讓學習成績表現低落的孩子，漸漸放棄了努力。他們擔心若是盡了全力，卻沒有得到該有的成績報酬，那麼，豈不是顯得自己很遜？於是，為了讓自己好過一點，就乾脆「什麼都不做」，這麼一來，就可以有藉口說：我是因為沒有努力才失敗的，至少可以合理避開「我很遜」的結論。

其實，孩子的學業成績和日後的成就未必能畫上等號，於是，該如何說服面對學習挫折的少年持續努力，也是老師們的一大功課。

而吳媽媽引領著吳季剛，聽憑心底最真實的聲音，一路走向成功的故事，讓我深深體會到夢想的力量。我想，唯有「夢想」，能夠再次啟動這些孩子的學習動力了。

在兒子的班上聊書時，坐在第一排的大華總是亮著眼睛，聽我說故事，和我有問有答。

大華十分捧場，像我在小學班上的孩子般，很給我面子。

兒子對我說，大華是資源班的學生，大概是因為別的課，他都聽不懂，所以妳的故事時間，他才特別上心吧。

有一回，和少年們聊朱學恆的《我的夢想干你屁事》[1]。朱學恆的文字相當貼近年輕人，他真摯、誠懇地呼籲少年們「為活出像樣的人生，請勇敢奮鬥吧！」連我讀來，都熱血沸騰了。

「有沒有人要跟阿姨分享你的夢想？」我問大家。

大華毫不遲疑地舉起手來：「我想成為麵包師！」

原來，大華現在就已經在麵包店當學徒了。

「你好棒，阿姨很愛吃麵包的，以後你成為麵包師，一定要讓我知道。阿姨肯定會常常跟你買麵包。」

我腦袋裡的圖書資料庫立刻浮現出吳寶春的《柔軟成就不凡》[2]。這位享譽國際的麵包師傅當初國中畢業時，認得的中文字，還不到五百個，英文就更別提了，連字母A到Z都湊不齊。

到台北當學徒時，吳寶春還因為不會算術，一天到晚挨師傅罵。幸好，他後來當兵時遇上一位啟發他閱讀視野的貴人。他不僅鼓勵吳寶春閱讀，還教他認字，查字典。學會閱讀的吳寶春，覺得自己讀書的時候是快樂的，他更發現讀了書以後，自己的想法跟以前不一樣了。

靠著閱讀自學，吳寶春從國中畢業的半文盲，一路走到眾所矚目的世界冠軍。

「謝謝大華願意跟我分享你的夢想。下個禮拜，阿姨要送你這本《柔軟成就不凡》，希望你也可以有機會成為一位很棒的麵包師。」

我很希望藉由吳寶春的故事，鼓勵那些歷盡學習挫折、處於信心谷底的少年，希望他們再給自己一個機會，找到自己的夢想，然後，朝向目標，全力以赴。

隔周，我依約奉上《柔軟成就不凡》。雖然我只是履行承諾，但大華拿到這本書時相當開心。

兒子的老師還告訴我，那可是大華擁有的第一本書。

「閱讀」從來就不該是學業成就優秀的孩子的專利。我相信透過閱讀，能為茫然、徬徨的少年朋友找到那股夢想的力量，更相信透過和書本的安靜對話，探索、追尋自己的夢想所在，找到心底最深處的盼望，因而持續築夢踏實，相信自己、想望未來。

「媽媽，大華每節下課就抱著妳送的那本書翻，我看他翻來翻去，就那幾頁，也不知是真有看，還是做做樣子。」兒子有一天下課後回來對我說。

「我倒覺得他是真心喜歡那本書。你以前遇上喜歡的書，還不也是看了又看、翻了又翻？」

兒子的話，讓我很是安慰，覺得這書送得真值得。
但沒想到還有更大的驚喜在後頭呢！
在下一回的聊書時間，我才剛踏進教室，大華就送上兩個他親手做的麵包。
大華羞澀地遞給我：「阿姨，妳吃吃看！」
「哇！我真是太幸福了，謝謝大華！」

我想，這大概就是我為什麼想成為圖書館員的原因了。透過故事和讀者的真心交流情誼，確實是這份工作最美好、動人的回饋。
那兩個麵包真心是我嘗過最美味的麵包，我已經開始期待大華的麵包店囉！

1《我的夢想干你屁事》，朱學恒著，就是創意，二〇一二。
2《柔軟成就不凡》，吳寶春、劉永毅著，寶瓶文化，二〇一〇。

為讀故事，孩子與ㄅ、ㄆ、ㄇ奮戰

在我剛移居到花蓮時，台北親友團聽聞我能定居在這片傳說中的「好山好水」之地，總是欣羨不已。一開始，我也是這麼對花蓮學生說的，但孩子們卻如此回應我：「是喔，好山好水好無聊！」

住在這麼美麗的地方，玩都來不及了，怎麼會無聊呢？

但慢慢地，當我跟隨新象繪本館的腳步，有機會更深入各個偏鄉部落時，我才慢慢能夠領會什麼叫做「沒有什麼的小鎮」。

在許多花蓮的小村落中，即便是假日，整個村落仍沉睡般安靜，正如張友漁在《悶蛋小鎮》[1]中形容的：「小鎮只比游泳池大一點。你在街道這頭說了一句話，等你回到家，那句話已經坐在你家門口打著呵欠等你了。」

然而，小鎮真是如此「沒有什麼」、如此「悶蛋」嗎？當我心底也悄悄同意「這兒還真是無趣！」時，又該如何引領孩子，去感受屬於家鄉的美好呢？

回想起大學時代，我總羨慕那些離鄉背井來城市讀書的同學，他們不但可以盡情享受熱鬧、繁華的城市生活，放假的時候，還有「故鄉」可以回，不像我從小在台北長大，都沒能體驗那傳說中的「故鄉」滋味。

在我的想像中，「故鄉」就是一片綠油油的甜蜜所在，如同余光中筆下的〈車過枋寮〉：

「雨落在屏東的甘蔗田裡，
甜甜的甘蔗甜甜的雨，
肥肥的甘蔗肥肥的田，
雨落在屏東肥肥的田裡。
從此地到山麓，
一大幅平原舉起

多少甘蔗，多少甘美的希冀！
長途車駛過青青的平原，
檢閱牧神青青的儀隊。
想牧神，多毛又多鬚，
在哪一株甘蔗下午睡？」

因此，我挺期待移居花蓮的，心想這樣，我也可以擁有自己的甜蜜「故鄉」了。

只是，直到離開台北之後，我才明白，所謂故鄉，不是僅有綠樹青青、芳草萋萋，而是那一個曾經揉進情感的所在。

是那一條滿地粉筆塗鴉遊戲的童年巷道；是那一間和高中死黨約定有一天一定要進去喝一杯，但還未成行就結束營業的文青咖啡店；是那只能牽著車觀望下課時分飆換教室的單車大軍，卻始終沒敢騎上的椰林大道……是那些潛藏其中的故事回憶，讓故鄉曖曖含光。雖然我的台北城放眼盡是霓虹閃爍、水泥叢林，一點都不符合我心目中的故鄉模樣，但因著過往曾經所散發的獨特光暈，還是讓我有說不盡的思念。

在我漸能領悟故鄉的意涵之後，對於花蓮孩子口中的「好無聊」家鄉，也多了幾分理解。我們總是羨慕他人所擁有的，「在這裡，過著那裡的生活」，卻忽略了身邊的風景，無視眼前的美好進行式，我們缺少的其實是一雙發現的眼睛。花蓮將成為我兒子的故鄉，我希望能領著他以發現探索的眼光，在「沒有什麼」的無聊家鄉中找出「一點什麼」。在花蓮，除了走讀壯闊的山水洄瀾景致外，當然更少不了閱讀，讓故事啟動聯想，發現更多身旁的故事。曾經，和兩歲多的兒子共讀《木星石》[2]，對於書本封面那一塊質地處理得很像石頭的木星石，小傢伙著迷極了。兒子喜歡一邊摸著，一邊很正式地讀著書名：「木—星—石」，表現出一副他認識字的樣子。

接著，我們就隨著書本一起進入浩瀚的太空中，看見那塊有著條紋的小石頭，再跟著石頭，穿越行星軌道，墜入地球，這塊木星石就這麼靜靜地躺了好久好久之後，終於有那麼一天，一個男孩在海邊發現了它……讀到這兒，眼前驀然浮現我們在黃昏時分的七星潭散步、吹風、撿石頭玩的畫面；兒子也發現了，他指著書頁告訴我：「媽媽，海邊！」我知道他也想起了七星潭。

我期待也能將這份閱讀的發現驚喜帶給我的學生，甚至偏鄉部落的花蓮孩子。在讀者的養成道路上，「有協助能力的大人」是其中最關鍵的角色，如同Aidan Chambers在《打造兒童閱讀環境》[3]所言：「讀者也是由讀者造就的。如果能夠有一位值得信賴的大人，為小讀者提供各種協助，分享他的閱讀經驗，那麼，孩子將可以輕易地排除橫亙在他眼前的各個閱讀障礙。」

這位「有協助能力的大人」可以是家長、兒童圖書館員，或者是老師。而偏鄉部落的家長奔忙於家計，伴讀角色相對薄弱，所以老師就是那最後一道防線了。

我意識到自己正在從事一項很重要的希望工程，倍感使命加身。

因此，來到花蓮之後，只要是來自偏鄉小校的演講邀約，我大概都會接受。整條北迴花東鐵路的沿線小站，幾乎都有我停駐的身影。

走訪這一個個安靜、沉睡的小村落，我發現大部分的人家都是門窗緊閉，一副長久無人居住的模樣。整個村子罕見人煙，一片荒蕪景象。

少數有人聚集的地方，除了學校之外，就是那昏昏暗暗的鄉村雜貨鋪了。那店裡幾乎什麼都賣，就是沒賣書。如果再沒大人把書帶給村落孩子，我還真想不出孩子們該上哪兒去找書。

每一次來到這樣的小村落，我都好希望在地的大人能將故事介紹給小朋友，讓書本豐富孩子們的童年，陪伴孩子們長大。

因此，我把握每一個來到眼前的機會，或是和老師們分享班級閱讀推動的實務，或是和家長對談如何經營親子共讀時光。但坦白說，經驗都不是太美麗，特別是後者，帶給我很大的挫敗感。

來到偏鄉部落，我才真能感受到學校行政經營親職教育的辛苦。在這兒，我第一次見識到辦理親職講座時，校方還要準備醬油、白米、衛生紙之類的民生用品當伴手禮，才能有效提高家長的出席率。只是，衝著醬油、沙拉油來的婆婆媽媽們，對我的「親子共讀」話題，似乎顯得興趣缺缺。常常我在台上揮汗賣力地說演著故事，台下聊天的、滑手機的，甚至講電話的，各自忙著，少有人看我一眼。這樣的講座，總講得我好吃力、好無助，我都要懷疑自己如此奔波、勞累，到底是為了什麼。

然而，每一回只要接到學校誠懇的邀約電話時，那一間「什麼都賣，就是沒賣書」的鄉村雜貨鋪就會浮現在我腦海，讓我的使命感油然而生。於是，我只好再度自我催眠：也許這一趟就會遇到知音家長，就算一個也好。

只要有一個在地的大人願意幫忙，村落就有了閱讀的種子。

有一次，我又來到一個只有區間車才會停靠的小村座談，學校還請村長廣播了好幾次，才勉強收集到三、五個老人家來參與活動。

這種「大場面」，我來花蓮是見多了，倒也處之泰然，還能反過來安慰氣餒的承辦老師。

雖然，為了省電燈泡而來的阿公、阿嬤對我的閱讀分享興趣缺缺，但此回我意外贏得幾個趴在窗口看熱鬧的孩子的眼光，看他們故事聽得很上心的模樣，也適時寬慰了我疲憊、失落的心靈。

講座結束之後，阿公、阿嬤忙著去領燈泡，孩子們則是飛奔前方，急著看我剛剛分享的繪本。

第一回在小村落獲得這樣的熱情迴響，我真是好愛好愛這幾個小朋友啊。

為了那一個鐵道旁的小村子，我特別分享了《開往遠方的列車》[4]，那是一位搭上「孤兒列車」，等待認養的小女孩。小女孩終於在最後的「遠方」站找到幸福的故事。

「遠方」（原文為Somewhere）可真是一個奇怪的站名，「好像它覺得自己真的很遠，好像它覺得自己不屬於這裡。」宜花東鐵道沿線的每一個小站，都會讓我想起

「遠方」站，讓我想分享這個雖感傷，卻又懷抱希望的幸福故事。

看著孩子們頭挨著頭，一起分享這本書的模樣，真是可愛極了。孩子們努力和ㄅ、ㄆ、ㄇ奮戰著，他們靠著拼讀注音來破解文字密碼，一人輪戰一句，接力重溫剛剛的感人故事。

誰說偏鄉的孩子不喜歡閱讀？他們只是少了機會，少了那個能帶給他們故事的大人而已。

活動結束時已是向晚時分，毫無意外的，我依舊是那清冷小站的唯一旅客。

看著昏黃燈光下的靜謐月台，想著剛剛孩子們因故事而顯現光采的臉龐，雖然晚風帶來陣陣寒意，但一股暖流卻打從我心底升起，我覺得這一趟真沒白來。

我打定主意，就為了這一張張期盼故事的臉龐，我還是會再接受邀約，尋訪可能相遇的知音。

回程的火車上，我細數著經過的每一個小站，盤算沿途還有哪一些村落，我尚未收編。

武塔站過後，火車開始穿越大大小小的山洞，我一個又一個數著，數完十三之後，大山大海就會映入眼簾，然後，我甜蜜的山海家鄉就到了。

1《悶蛋小鎮》，張友漁著，親子天下，二〇一三。
2《木星石》，保羅．歐文．路易斯著，沙永玲譯，小魯文化，二〇〇四。
3《打造兒童閱讀環境》，艾登．錢伯斯著，許慧貞譯，天衛文化，二〇〇一。
4《開往遠方的列車》，伊芙．邦婷著，劉清彥譯，和英，二〇〇一。

在天涯海角推動閱讀——「第四世界運動」

我想，如果沒有來到花蓮，我不會知道什麼是「第四世界運動」。

剛到花蓮時，因為懷抱著圖書館員的夢想，一心想將書帶給所有偏鄉部落的孩子，所以只要時間許可，我就會跟著陳醫師的行動圖書車山海巡迴。

但結果與我的想像有某種程度的落差。或許，當行動圖書車到當地時，確實有點燃孩子對閱讀的想望，但當車子離開部落，只要在地沒有大人願接棒，持續推廣閱讀，那麼，閱讀的火花也就悄然熄滅了。

當時，我曾經和陳醫師談及我的觀察與焦慮，陳醫師因此對我提到「第四世界運動」。

「第四世界運動」是指有一群志工，他們選擇和貧窮家庭的生命相連結，當他們的鄰居，和他們一起生活。

這一群志工分享赤貧家庭的日常生活，並投身其中。所有的志工，不論年資，他們每個月都領取同等的津貼，以維持基本生活所需。

他們不斷地以赤貧家庭的生命陶成自己，並日復一日地寫下他們從最被排擠的族群中，所學習的一切，特別是他們對生命最深的渴盼，這些記憶建立了「第四世界運動」行動的基礎。

而近在花蓮，就有一位「第四世界運動」的志工——淑秀。我對陳醫師說，有機會，我一定要認識淑秀。

在因緣際會下，新象繪本館舉辦了法國攝影師費方稷（François Phliponeau）的「四海兒童攝影展」，我特別帶班上的孩子去看這個攝影展，讓這些在父母呵護下成長的幸福孩子，有機會透過鏡頭，去關懷成長於貧困地區的孩子。

由於這一次的攝影展旨在結合「第四世界塔波里」（Tapori）友誼列車的活動，其用心是在於建立一股友誼的潮流，希望連結不同出身的孩子，讓他們有機會在相遇、相知中，一起創造一個更友愛的未來。

在攝影展中，我終於有機會認識淑秀。淑秀送給班上一些塔波里小書，裡頭有著來自地球村的各個角落，一些成長於赤貧家庭中的孩子的生命故事。

這些孩子敘說著期待被聆聽、被接納，生病時得到醫治，孤立、困苦時有朋友圍繞，擁有安全的住所等盼望。

淑秀鼓勵班上的同學給書中的孩子寫信，並說明會有專人為他們翻譯信件，將他們的關懷及友誼送達故事中的孩子手上。

攝影展的影像確實給班上同學一些震撼，而塔波里小書中的孩子，也讓我的學生感同身受。

孩子們總有一顆良善的心，他們期待，也願意給塔波里的孩子們一些關懷，因此書寫了滿滿的祝福，要獻給塔波里的孩子們。

當我親手將學生的信交給淑秀時，也和她提及自己一路以來經營偏鄉閱讀的困惑。我來了，但我又走了，我真的能為當地的孩子帶來些什麼嗎？

淑秀對我分享關於「塔波里兒童運動」的種種夢想。她說，至少我們應該知道的是：兒童應該被保護。同時，為了他們自己和其他兒童的權利，他們也應該有機會和大人一起思考、一起行動。

在關懷人權時，我們當然也要將焦點集中在沒能享受到權利的孩子，以及他們的父母身上，而新象的行動圖書車至少盡了這份深深的心意。

對淑秀，我心底有著最深的敬意，我雖無能如她一樣，獻身「第四世界運動」，但我樂意成為他們的夥伴，在我能力可及的範圍，盡我能盡的力。特別是認真回應任教於偏鄉老師們的呼喚，所以只要時間許可，幫得上忙，我一定全力以赴。

在我看來，偏鄉教師也如同「第四世界運動」志願者般，在地陪伴需要關懷的孩子，是最有機會和能力引導弱勢孩子走出宿命的貴人。

這也是為什麼，我會接受南澳山區部落小學的徵召，連續幾個寒、暑假去帶領閱讀營。

營隊主辦者是學校的教導主任，謝主任總是用心地為孩子規劃寒、暑假活動，早早敲定我的時間，和我討論課程內容。

孩子不多，大概就十幾位，但年齡分布可廣了，從幼兒園到六年級都有，甚至還有抱著小寶寶出席的小哥哥、小姊姊們，也可以想見，這一份活動設計的難度頗高。

其實，我並沒多想要教孩子們一些什麼，就是單純的和他們分享一些美麗的繪本，希望這些有趣的故事，可以妝點他們的假期生活。

謝主任有一輛專門往來南澳車站和部落的車子，車齡十幾年了，空調是冬涼夏暖，行進間，常有各種聲響伴奏，謝主任總真誠地祈禱車爺爺一定得撐著點，陪她退休。記得有一次，颱風剛過，那一條沿著溪畔的山林道路時有坍塌，險象環生。整趟車程，我不敢多言，心底默默為車爺爺加油，可別中途掛點啊。

謝主任說，其實今天的路況還算可以了，已經搶通至部落，有一回，她還得棄車而行，翻越坍塌處，再由另一頭的同事接駁到校。

日後，再有颱風侵襲的消息，我腦子總會閃過老師們行走坍塌土石堆的驚險畫面，再也不敢對颱風假抱持幼稚的期待心情了。

到了學校，謝主任第一件事情就是啟動廣播系統，提醒村裡的孩子，活動即將登場。

主任播放的音樂在山林部落間迴響著，三三兩兩的小不點陸續現身。謝主任一個個數著、點著，就只差差人去喚醒在家睡懶覺、耍賴皮的孩子到校了。

我一旁看著，總覺得暖心。

謝主任根本就是孩子們在學校的媽媽。對於犯懶的小孩，沒多責備，只是不厭其煩地三催四請，就差沒親自去掀棉被了。

謝主任的包容和寬待，讓我想起《萊可學校的女學生》[1]中的萊可校長，看看這一封萊可校長發給家長的非邀請函——

親愛的家長：

我們了解您們太忙碌，無法參加我們的盛大開放參觀日，因此我們誠摯地不邀請您們，於十一月十日上午十一點前來。

儘管您們不在這兒，我們仍將供應咖啡和生日蛋糕。

萊可校長　敬啟

這一份非邀請函夠貼心吧？直接不為難家長了，重點是師生們玩得盡興比較實在。

以前在面對家庭功能不彰的孩子時，我總不免抱怨家長的置之不理，但**來到花蓮之後，我慢慢領會、理解布爾迪厄所說的「文化再製現象」，因而學會以弱勢族群的面向去思索「教育機會均等」的問題**。

身為第一線教師，我對之前的種種抱怨感到慚愧，因為那完全無濟於事，只會加深親師間的溝通嫌隙。

還有那一所萊可小學的地址：「海邊的巨大白色燈塔」，如此天涯海角的所在，正是忙碌的家長期望將小孩送達之處。

這兒除了負責傳授父母沒時間教的重要人生課程外，諸如：玩耍、分享、同情心等等；更貼心的是，為了這些忙到連帶孩子去學校報到都沒空的父母，萊可小學還提供了一個寫好地址的箱子，讓父母可以直接將小孩裝箱、打包，郵寄到校，而且郵資還免費。

這一所南澳山區的部落小學，也差不多是天涯海角了。謝主任秉持著和萊可校長一樣的豁達精神，寬心地接受家長忙於生計的事實。她盡力教導，並陪伴部落的孩子，甚至為他們打點假期生活。

相較於謝主任為孩子們所做的，我只不過是偶爾出現的假期來賓，謝主任才是真正有機會翻轉孩子未來的貴人。

每一回的活動，謝主任總會貼心地為孩子準備各種餅乾口糧，讓剛睡醒的孩子不至於餓著肚子，參加活動。

在課程中，為了讓小哥哥、小姊姊能順利上課，謝主任還得充當保母，抱著、哄著不耐哭鬧的寶寶。

等課程結束時，孩子們還可以飽餐一頓再回家……就這樣，一年一年的，每一回去，都發現孩子又長大了。

前一年還賴在姊姊懷裡的寶寶，這一年，已經滿地跑了，估計再不久，也要當小學員聽故事囉。

印尼備受國際肯定的學者作家安卓亞．西拉塔，他來自一個叫勿里洞的偏遠島嶼。安卓亞．西拉塔的學校破洞比磚瓦還多，但它獨具的魅力，卻是他童年最美麗的回憶——

「從我小學三年級開始，心中就深深烙印著這個影像：在一個大雨傾盆的清晨，慕絲老師手撐著一片芭蕉葉，催促學生快快進入教室……這一幕是如此不可思議，當時我就想，好多好多年以後，我一定要為她寫一本書。」

於是，我們有了《天虹戰隊小學》[2]這部閃閃發光的作品。

在謝主任身上，我也看見了慕絲老師對教育的那一片真心與努力。我相信那可愛的部落小學，也會在她的認真經營下，為孩子劃下天際彩虹般的希望美景。

1《萊可校長的女學生》，伊莉絲・普莉瑪著，黃意然譯，小麥田，二〇一六。

2《天虹戰隊小學》，安卓亞・西拉塔著，王亦穹譯，寂寞出版，二〇一一。

獻給中學生的讀書會——我的「越讀者聯盟」

身為小學老師的我，為什麼會越界帶領起青少年讀書會呢？原因其實很簡單，就是我的學生長大了……

在我看來，關於閱讀，一開始總是愉悅的，老師和家長也普遍重視。只是，隨著孩子長大，老師們總會覺得閱讀是孩子自己應該負責的事，而家長的關注焦點也移轉至升學，於是，孩子的生活逐漸被教科書填滿，好不容易燃起的閱讀火花，通常到小學高年級後會愈來愈弱，等到了國中，幾乎就悄然熄滅了。

正值青春期的少年，除了身體要長大，他們的心靈也需要成長的空間。若只有教科書去填滿這些他原本可以伸展和探索的空間，肯定是不夠的。

而青少年所需要的思考和出口，都是閱讀可以給予的。唯有讓心靈需要的滋養和成長獲得滿足，才能和身體同步。

然而，青少年因為升學壓力，他們的閱讀常常停留在「輕小說」層次。輕小說其實只能說是「甜品」，難以真正滋養心靈；又因為分級不夠嚴謹，常有許多誤導青少年價值觀的情節，因此更需要有資深讀者來和他們聊書，推薦他們適合的讀物。

我特別憂心青少年們對閱讀的疏離現象，讓我很想為他們做些什麼。

我期待能給這些在升學考試壓力下的青少年，創造一點不一樣的閱讀空間。不要讓他們的思考，僅僅侷限於一張又一張的考卷之間，讓他們變成只會追逐標準答案，卻不敢有一丁點自我想法的人。

如同郝明義在《越讀者》[1]中所言，中學生的心智，正進入一個發育的關鍵期，而閱讀又是心智發育的關鍵因素。因此，我們正應該趁著一個少年人對自己心智力量的探索，產生好奇之際，提醒他們，「閱讀」對其心智力量，是多麼便利又有力量的養分。

另外，我們也更該提醒青少年們，在閱讀這件事情上，教科書有作用，但，決不是唯一的作用。然而，我們的中學教育，卻普遍沒機會讓這些事情發生。

因此，我決定讓青少年的讀書會從新象繪本館開始。幾位剛從小學畢業的會員，成了我的創始成員，也算是提供給一直以來支持我們的會員，一項小小的售後服務。

對我來說，一本又一本的好書，為我開啟了一個又一個瑰麗多元的世界。因為閱讀，我覺得即至今日，我還在繼續變聰明中，也依然對這個世界充滿了好奇。

就像在閱讀《越讀者》時，我又意外開啟了另一片閱讀的視野。其中一段辛波絲卡（Szymborska）在〈could have〉中的文字，深深觸動了我：

It could have happened.　事情可能會發生
It had to happen.　事情註定會發生
It happened earlier. Later.　事情發生了早些　晚些
Nearer. Farther off.　近了些　遠了些
It happened, but not to you.　它發生了　但不在你身上
You were saved because you were the first.　你倖存下來因為你是第一個
You were saved because you were the last.　你倖存下來因為你是最後一個
Alone. With others.　因為落單　因為置身人群

On the right. The left.　因為往右　因為向左
Because it was raining.　因為下了雨
Because of the shade.　因為陰天
Because the day was sunny.　因為陽光普照

讀著讀著，這些文字似乎就在我的眼前跳動、飛躍了起來，它們在對我訴說一個關於命運的心情故事。

如同唐諾在《閱讀的故事》[2]所言：「下一本書就藏在你此刻正讀著的這本書裡面」，於是，《辛波絲卡》[3]就是我的下一本書了。

我驚喜地發現，辛波絲卡不僅是諾貝爾文學獎得主，她的詩，我之前早已傾心。我一直很鍾愛的《向左走・向右走》[4]，其中引用的〈一見鍾情〉詩句，正是辛波絲卡的作品：

他們兩人都相信

是一股突發的熱情讓他倆交會。
這樣的篤定是美麗的，
但變化無常更是美麗。

辛波絲卡深深啟發了幾米，除了《向左走・向右走》之外，《地下鐵》[5]和《履歷表》[6]也都引用了她的詩句，甚至，連卡通《海綿寶寶》中，那傻乎乎的派大星在體育課胡亂寫的詩，也是仿自辛波絲卡的〈未進行的喜馬拉雅之旅〉：

雪人，我們這兒有星期三，
ABC，麵包
還有二乘二等於四，
還有雪融。
玫瑰是紅的，紫羅蘭是藍的，
糖是甜的，你也是。

辛波絲卡在詩中呼喚的，是傳說中住在喜馬拉雅山的雪人。她無意以喜馬拉雅為世外桃源，反而呼喚雪人，要他歸返悲喜、善惡、美醜並存的塵世。這一份呼喚令我特別動容。或許現實世界少不了缺憾，人間並非完美之境，但仍存在值得眷戀的美好。

閱讀辛波絲卡的種種發現，讓我有份「眾裡尋他千百度，驀然回首，那人卻在燈火闌珊處」的驚喜。從此，我愛上辛波絲卡，也愛上了詩。

我十分期待將這一份關於閱讀的發現和喜悅，也帶給青少年們。

人們常說閱讀是站在巨人肩膀上，可以幫助我們看得更高、望得更遠，然而一個人不可能對不知道的事物感興趣，例如我之前若未曾聽聞過辛波絲卡，又如何能愛上她的作品。

同樣的，若孩子未曾閱讀經典，或是根本連這些書都不曾，也沒有意願打開過，那麼，他又如何知道自己錯過些什麼呢？

誠如郝明義所言：我們置身人類有史以來，前所未有的豐饒閱讀時代，以中文書籍而言，每年就有將近二十萬種新書，無所不有。而一個中學生要在閱讀密林中找到屬於自己的「啟蒙書」，可不是一件容易的事，因此，他們需要有「資深讀者」擔任**「閱讀師傅」，推薦經典文本給他們，跟他們聊書，與他們分享閱讀的想法，這正是我**

的青少年讀書會希望努力的方向。

在帶領青少年讀書會時，我欣然發現在升學主義掛帥下，這一些仍然能保持閱讀習慣，並且願意參與讀書會的青少年，每一個都很有自己的想法。

有的青少年提到他們的摸索，有的青少年提到關於夢想追逐的遲疑，也有青少年清清楚楚知道自己夢想的所在。

我很喜歡與青少年們分享這一個重要且美麗的話題，而能陪伴他們，行走在追尋夢想的道路上，這真是一位圖書館員最大的榮幸了！

誰說我們的孩子只能隨波逐流、追逐分數，我想其實所謂的「隨波逐流、追逐分數」根本就是大人。如果，我們願意透過閱讀，帶領孩子探索自己可能的所在；透過對話，和孩子釐清自己心底最深處的想望，那麼，每一個孩子都有希望築夢踏實。

只是，中學生們還是常常得因為各科考試，犧牲閱讀時間，最終，還是放棄了讀書會。這樣的狀況，常常讓我覺得自己是拿著劍，抵抗風車巨獸的《唐吉軻德》[7]，對抗著一個我怎麼也撼動不了的對手。

其實，我曾經認真考慮放棄中學生讀書會，因為這實在是一場我打不贏的戰爭。

但當這麼想時，我曾經開圖書館的那一股倔強又來了。

我想著，無論如何，我總得撐個三年，我才有資格說我盡力了。

對於中學閱讀，我從來不樂觀，但總是願意懷抱希望，如同《最後一次相遇，我們只談喜悅》[8]中的南非大主教屠圖所言：

> 「希望和樂觀差別很大。樂觀比較表面，很容易因為環境變化就淪為悲觀；希望則堅定得多。選擇希望則是堅定步伐，踏入呼嘯的狂風之中，挺起胸膛面對風暴，知道暴風雨遲早會過去。」

儘管挫折連連，我的青少年讀書會「越讀者聯盟」仍持續著。

「越讀者聯盟」只為中學生，我也期待透過行動，傳遞這份理念：在升學考試的巨大壓力之下，我們的青少年更需要閱讀。

但願，我的青少年朋友們也能衷心領略閱讀的美好，藉此航行於豐饒的書海，在那兒尋獲面對每一個人生階段所需的生活智慧。

1《越讀者》，郝明義著，網路與書，二〇一七。
2《閱讀的故事》，唐諾著，印刻文學，二〇〇五。
3《辛波絲卡》，辛波絲卡著，陳黎、張芬齡譯，寶瓶文化，二〇一一。
4《向左走．向右走》，幾米著，大塊文化，二〇〇八。
5《地下鐵》，幾米著，大塊文化，二〇〇一。
6《履歷表》，幾米著，大塊文化，二〇一五。
7《唐吉軻德》，塞萬提斯著，黃育朋譯，木馬文化，二〇一六。
8《最後一次相遇，我們只談喜悅》，達賴喇嘛、戴斯蒙．屠圖、道格拉斯．亞伯拉姆著，韓絜光譯，天下雜誌，二〇一七。

Keep reading

一直以來，我都是擔任小學的高年級老師，每到畢業時分，總要給我的畢業班學生贈言。太有學問的，我寫不出來，太正經的，我又說不出口。

於是，年復一年，我給孩子的留言總是：

Keep reading！

如同美國詩人艾蜜莉・狄瑾蓀（Emily Dickinson）的詩句：

最後抱他的人

沒有快船像書本一樣
能帶我們遠離土地
也沒有任何駿馬像一首
騰躍的詩——
再窮的人也可以踏上這趟旅程
不必擔心沒錢納稅——
這是何等儉樸的交通工具
載著人類的靈魂遨遊

——節錄《遇見詩人艾蜜莉》1

閱讀確實是最便利的旅行。只要翻開書頁，就等於打開了通往世界的道路，可以任意地悠遊古今中外，停駐任何想望的所在。

一本本的書，承載的是無數古往今來想傳遞心意的偉大靈魂。

我總期盼我的學生能透過閱讀，在其中找到一輩子不離不棄的心靈摯友。

謝謝捧讀這本書的你。

一樣的，也祝福你——

Keep reading!

1《遇見詩人艾蜜莉》，伊莉莎白·史派思著，游紫玲譯，玉山社，二〇〇〇。

【附錄二】

如果你是父母，這樣讓孩子愛上閱讀

學前篇

1. 讓閱讀成為每天生活的一部分

試著每天規劃出一個固定的時間，帶著孩子一起閱讀。時間不一定要長，五分鐘、十分鐘都可以。每天只要一點點時間，孩子日後就有機會成為一位讀者。

像睡前就是一個很棒的親子共讀時光，讓孩子帶著爸爸媽媽的愛，和一個個美麗的故事進入夢鄉，絕對是個最棒的選擇！

2. 讓孩子隨時拿得到書

圖畫書不要和大人的書一起放在高高的書架上，要讓孩子隨時看得到、拿得到、玩得到書。讓書成為孩子日常生活的一部分。

父母可以在孩子的遊戲區，規劃一個小書架，擺放書籍；外出用餐、旅行時，也隨手帶上幾本孩子喜歡的書。讓孩子隨時碰得到書，孩子和書做朋友的機會自然大增。

3. 從閱讀封面開始

封面是進入一本書的窗口，父母可以先帶著孩子一字字地讀出書名，讓孩子明白中文字的讀法是一字一音的，慢慢地，孩子就會認得一些常用的字。

而封面的插畫，常常是一本書最精采的部分，可以配合書名，和孩子一起從中猜想這本書在講些什麼。

4. 讀書給孩子聽時，讓手指跟著書中的文字移動

請注意，這不是識字課！讀書給孩子聽，並不是要他學認字，而是和孩子一起分享精采的故事，讓他感受閱讀的美好。

讀書給孩子聽時，讓手指跟著書中的文字移動，目的是要讓孩子了解閱讀文字的方法，也讓他知道故事進行到什麼地方。

5. 和孩子一起欣賞書裡的插圖

除了文字以外，插畫裡也有許多有趣的地方，可以和孩子分享。

在很多的圖畫書裡，作者常會安排個小驚喜，躲在書頁的某個角落，等著孩子把它挖掘出來；或是配合文字敘述的數目，安排相同數量的圖案，等著讓孩子玩數數兒。

6. 和孩子一起討論故事

孩子常常來不及等故事聽完，就迫不及待地想問問題或討論故事內容，這是很棒的機會，父母別急著把故事講完，就為孩子稍做停頓，一起討論孩子提出的問題。父母也可以藉此帶孩子體會，書本也是能和生活經驗相互連結的。

但是，請千萬別忙著說教，這會讓輕鬆的故事時間，變得嚴肅而沉重，一點兒也不好玩。

7. 如果是孩子喜歡的書，多講幾次也無妨

小小孩常會一再要求重讀某些他特別喜愛的書，這是很自然的要求，請千萬別嫌煩，就為他多講幾次吧！

一來，重複的故事讓孩子有安全感。孩子熟悉什麼時候該笑，什麼時候會嚇一跳，這讓孩子覺得自己可以掌握這本書，成就感十足。

另一方面，重複地念讀，可以幫助小小孩了解和熟悉他所聽到的語言，這也是一種語言的學習方式。

8. 讓孩子也有講故事的機會

孩子在聽大人為他講故事的同時，常常也會模仿大人的模樣，念讀故事書給自己的布偶或寵物聽。

在念讀重複的故事時，父母可以邀請孩子一起參與故事的念讀，這會讓孩子很有成就感。孩子會覺得自己長大了，也可以擔任說故事的角色。

9. 請孩子身邊的人也加入閱讀行列

除了爸爸媽媽外，也別忘了邀請爺爺奶奶、哥哥姊姊、保母，或是其他有和孩子一起生活的親友，加入閱讀的行列。

讓孩子有機會聽到更多人為他念書，為孩子增添生活中的閱讀話題。

10. 別忘了利用圖書館

孩子的圖畫書閱讀需求量很大，一個晚上念兩三本書是常有的事。買書永遠趕不上閱讀的速度。一般的公共圖書館都有提供圖書借閱的服務，孩子還可以參加圖書館的說故事活動，和其他小朋友一起分享討論故事。

更重要的是——這一切都是免費的，這麼好的福利，當然不能錯過。

11. 安排書店之旅

如果住家附近有書店，父母也可以帶孩子去書店，選購他喜歡的書。

在每次的書店之旅裡，讓孩子也有適度的選書權利。父母可以提供意見，但請尊重孩子的選擇。讓孩子擁有一本自己選購的書，也是一種美好的閱讀經驗。

12. 為孩子做閱讀筆記

在孩子能夠乖乖聽完第一個故事的同時，就可以開始為孩子記錄屬於他的閱讀筆記。隨著紀錄書本數量的增加，孩子會很有成就感，這也是驅使閱讀持續下去的一大動力。

學齡篇

1. 每日閱讀二十分鐘

早在一九八七年，Nagy與Herman兩位閱讀學者，就已提出每日閱讀二十分鐘的重要性，時間雖然不多，但長期累積下來，成效可不容小覷。

每日閱讀二十分鐘的孩子，到六年級時將累積六十個上課日的閱讀時數；而每日僅閱讀五分鐘的孩子，到六年級時將只有十二個上課日的閱讀時數。此兩者之間，誰的字彙累積量比較多？誰更容易從學校生活中取得成就感？答案是顯而易見的。就請爸爸媽媽們，堅持地為孩子在每天規劃出一個固定的時間閱讀吧。

2. 親子讀書會

組織親子讀書會並不難，成軍的重點只有一個，就是「有心」。

以下是幾個親子讀書會的組織方向——

A.讀書會成員：或是街坊鄰居、或是親朋好友，只要有年齡相仿的孩子，大家理念相近，都可以成為親子讀書會的一員。

B.時間：大家相約一個固定的時段，定期聚會說故事。兩週一次是個不錯的選擇，時間不會被綁得那麼死。另一週即可彈性安排其他活動。

C.聯絡人：除了安排每次輪值講故事的家庭外，最好還能在每次讀書會前聯絡提醒，這可以讓大家減少「忘記了」這個藉口，乖乖地把時間安排出來。

D.進行方式：

•每次的讀書會可以安排兩位家長負責講故事，而每一位家長準備兩至三個故事。

•當故事時間進行時，父母們要協助自己的孩子坐好，否則秩序失控了，故事也無法順暢進行。另外，父母需先幫孩子收好手邊的小玩具，免得孩子分心了。

E.故事時間的經營：在我認為，為孩子說故事，並不需要什麼特別的技巧，更不需要受什麼了不起的訓練，所以請別給自己壓力，只管開開心心地與孩子們分享你手中的故事。

隨著孩子慢慢長大，父母可以慢慢將閱讀任務移交給孩子。讀書會時，即可聚焦在文本的分享與討論。

3. 記錄閱讀筆記

正如英國閱讀教育專家Adam Chambers所言：遺忘也算是閱讀的一部分；而想起我們曾經忘記的那部分，則是閱讀的樂趣之一。

但透過閱讀筆記，孩子可以有機會和曾經讀過的每一本書重逢，並持續累積其閱讀數量，而那一份成就感，則會促使孩子持續閱讀。閱讀筆記的內容，只要記上閱讀序號、書名、作者，以及孩子閱讀完書後，心裡簡單的感觸或想法。

當孩子寫感觸或想法時，孩子可以選擇用寫字，或者也可以用畫圖來表達。爸媽不要介入太多意見，只需要抱持鼓勵孩子的態度。而當孩子每讀滿五十本、一百本……不妨就來辦個慶祝活動，那將會是讓孩子持續閱讀的一大動力。

4. 持續利用圖書館和安排書店之旅

在圖書館裡，我們可以瀏覽群書，探尋自己有興趣的閱讀領域。任何想進一步閱讀的書籍，都可以開開心心的免費借回家。在書店裡，我們可以接觸最新的閱讀訊息，而每個月讓孩子有機會採買一本自己喜歡的書籍，那將是對孩子最棒的閱讀鼓勵。

這兩者之間毫無違和感，若能夠兼具，將是最棒的選擇。

如果你是老師，這樣讓孩子愛上閱讀

國小篇

1. 每日在聯絡本規劃「閱讀二十分鐘」的功課

早在一九八七年，Nagy與Herman兩位閱讀學者，就已提出每日閱讀二十分鐘的重要性，時間雖然不多，但長期累積下來，成效可不容小覷。

老師若能在每日功課布置「閱讀二十分鐘：（　　　）」這項功課，那麼就能提醒孩子填記當日閱讀的書名、頁數，並確實檢視每日的閱讀任務。

2. 因應不同年段的閱讀挑戰計畫

以小學校園的狀況而言，我們的讀者群分布從一到六年級，不管在閱讀能力，或心智成熟度上，都存在很大的差異性；因此，每個年段的孩子，都該有專屬的閱讀任務，不應置於同一套閱讀標準下檢視。

為了讓閱讀書單迎上時代潮流，並讓各年段的閱讀寫作記錄更符合學生的程度，以及方便老師進行閱讀指導，以花蓮市明義國小為例，便針對不同年段的閱讀需求，設置了不同版本的閱讀護照：

低年級「明義閱讀王」，目標是完成兩百本書的閱讀，重點在鼓勵低年級的小朋友廣泛閱讀，奠下閱讀根基。

中年級「明義書香林閱讀盟主」，目標是完成八十本橋樑書的閱讀。各班均備有推介之橋樑書單，重點在引導中年級的孩子透過橋樑書的閱讀，建立對文字書的閱讀信心。

高年級「明義閱讀學院」，目標是完成五十本少兒文學的閱讀。各班均備有推介之少兒文學書單，重點在經典文學與名家作品的閱讀推薦與引導。期待孩子養成文學閱讀能力，並期許孩子帶著這份能力，能面對日後人生課題的所有學習與挑戰。

3. 規劃班上專屬的DEAR（Drop Everything And Read，拋開一切，只管閱讀）Time

閱讀總是需要時間的，如果我們希望培養孩子成為一位讀者，就必須為他安排時間閱讀。

我們不能期待孩子們主動利用課餘的時間閱讀，一方面可能因為各項課業、課後補習、才藝學習等諸多原因，排擠了孩子的閱讀時間；另一方面，很多來自於沒有閱讀習慣家庭的孩子，閱讀並不被視為生活的一部分，常會因為電視、電玩、網路而犧牲閱讀時間。

我班上的DEAR Time，是規畫在午休時間的前十分鐘，那是我和學生的寢前閱讀時光。先讀個十分鐘，再讓他們昏睡過去，效果特別好呢。

4. 班級讀書會

我們在閱讀之後，總會產生某種感覺，像是：喜歡、厭煩、刺激、有趣、愉悅等，而這些心得正是最大的樂趣所在。因此，讓孩子和年齡相仿的同學分享閱讀想法，也是能讓孩子領略閱讀樂趣的重要方法。

一直以來，我都是利用課表所排定的彈性課程時間，規劃出每週一堂的讀書會課程。

採全班共讀同一本書的模式，一學期安排一本書，每週就所規劃的章節閱讀進度，並進行該章節的討論。

讀書會的進行，除了引領學生分享彼此的閱讀心得之外，也期望孩子聽聽其他同學的看法。讓孩子藉著討論活動的進行，進一步去領會隱含於文學之中的深意，體驗更多閱讀的樂趣。

5. 安排書店之旅

在學期末了，課程告一段落之際，可以為班上孩子規劃一堂書店之旅。除了可以讓孩子有機會接觸最新的閱讀訊息，自在地體會在書店裡瀏覽、翻閱新書的樂趣之外，也可以讓表現優異的孩子，選購一本自己喜歡的書籍，那絕對是給孩子最棒的閱讀鼓勵。

國中篇

1. 規劃班上專屬的DEAR（Drop Everything And Read，拋開一切，只管閱讀）Time

國中生的家長，他們關注的焦點總是在升學上。孩子的生活幾乎被教科書填滿，如果有一段能拋開一切，只為閱讀的時光，那是非常難能可貴的。

而如果國中導師能壓縮出一點晨光時間，領著學生，享受班上的DEAR Time，那將會是孩子們持續閱讀習慣的重要關鍵。

2. 和學生聊書

如果老師想傳達對閱讀的熱愛，再也沒有比聊書更棒的方式了。

《朗讀手冊》作者Trelease曾指出：孩子們在選擇較有深度的書時，有百分之八十六的人，通常是因為他們聽到同伴或老師們在討論那本書。

人們在決定買書或閱讀某一本書之前，總會希望得到一些有關那本書的訊息，因此我建議老師，以一個資深讀者的角色，與國中生們聊書。

讓老師擔任這些精采文本的代言人，而通常老師聊過的書，總是能引發學生的閱讀渴望。

3. 安排書店之旅

在沉重的課業壓力之餘，若能在段考或學期末，課程告一段落之餘，領著國中生去逛逛書店，讓他們有機會接觸最新的閱讀訊息，讓他們自在地體會在書店裡瀏覽、翻閱新書的樂趣，那將是國中生們難得的悠閒時光。

如果可以的話，就讓表現優異的孩子，選購一本自己喜歡的書籍，那絕對是給學生最棒的閱讀鼓勵了。

【附錄二】

許慧貞老師的「經典閱讀」書單

12大閱讀主題

1. 自我成長

《洞》，路易斯·薩奇爾著，趙永芬譯，小魯文化，二〇〇七。

《小王子》，安東尼・聖修伯里著，墨丸譯，漫遊者文化，二〇一四。

《奇蹟男孩》，R. J. 帕拉秋著，吳宜潔譯，薛慧瑩繪，親子天下，二〇一七。

《海裡有鱷魚》，法畢歐·傑達著，梁若瑜譯，寶瓶文化，二〇一二。

《那又怎樣的一年》，蓋瑞·施密特著，鄒嘉容譯，小天下，二〇一七。

2. 同儕之間

《代做功課股份有限公司》，古田足日、林宜和著，嶺月譯，徐世賢繪，天培，二〇一七。

《天虹戰隊小學》，安卓亞・西拉塔著，王亦穹譯，寂寞出版，二〇一一。

《湯姆歷險記》，馬克・吐溫著，王夢梅改寫，台灣東方，二〇一八。
《畢業那一年——石縫裡的信》，蔡宜容著，法蘭克繪，小兵，二〇一五。
《我們叫它粉靈豆——Frindle》，安德魯・克萊門斯著，王心瑩譯，遠流，二〇〇八。

3. 家人之愛

《鐵路邊的孩子們》，伊迪絲・內斯比特著，林秋滿譯，天衛文化，二〇〇七。
《爸爸的16封信——獻給會思想的你》，林良著，國語日報，二〇一五。
《我那特異的奶奶》，瑞奇・派克著，趙映雪譯，台灣東方，二〇〇〇。
《親愛的漢修先生》，貝芙莉・克萊瑞著，柯倩華譯，台灣東方，二〇〇三。
《穿越時空的靈魂》，彭素華著，陳完玲繪，小兵，二〇一五。

4. 愛與關懷

《孤星淚》，雨果著，商務，二〇〇九。
《她是我姐姐》，丘修三著，林宜和譯，國語日報，二〇一一。
《窗邊的小荳荳》，黑柳徹子著，王蘊潔譯，親子天下，二〇一五。
《青銅葵花》，曹文軒著，小魯文化，二〇一五。
《我是白痴》，王淑芬著，親子天下，二〇一二。

5. 自然科普

《教海鷗飛行的貓》，路易斯・賽普維達著，湯世鑄譯，晨星，二〇一七。

《天鵝的喇叭》，艾爾文・布魯克斯・懷特著，陳次雲譯，愛德華・弗拉斯欽諾繪，聯經，二〇一七。

《狼王夢》，沈石溪（沈一鳴）著，李永平繪，二〇一〇。

《黑貓魯道夫1——魯道夫與可多樂》，齊藤洋著，杉浦範茂繪，親子天下，二〇一二。

《保育頑童的快樂童年筆記　希臘狂想曲1——追逐陽光之島》，傑洛德・杜瑞爾著，唐嘉慧譯，野人，二〇一八。

6. 生活經驗

《傻狗溫迪客》，凱特・狄卡密歐著，傅蓓蒂譯，台灣東方，二〇〇一。

《淘氣瑪蒂1——屋頂上的野餐》，阿思緹・林格倫著，陳靜芳譯，伊蓉・威克蘭繪，親子天下，二〇一二。

《悶蛋小鎮》，張友漁著，親子天下，二〇一三。

《城南舊事》，林海音著，關維興繪，格林文化，二〇〇〇。

《我家開戲院》，林玫伶著，曹俊彥繪，二〇一〇。

7. 生命教育

《陪我走過1793》，羅莉・華爾茲・安德森著，林靜華譯，小魯文化，二〇一一。

《夏之庭》，湯本香樹實著，林真美譯，楊麗玲繪，玉山社，一九九九。

《收藏天空的記憶》，珮特・布森著，郭郁君譯，溫帝爾・邁南繪，玉山社，二〇〇〇。

《星星婆婆的雪鞋》，威兒瑪．瓦歷斯著，王聖棻、魏婉琪譯，詹姆斯．格蘭特繪，野人，二〇一三。

《銀河鐵道之夜》，宮澤賢治著，賴庭筠譯，高寶，二〇一三。

8. 兩性之間

《地圖女孩．鯨魚男孩》，王淑芬著，親子天下，二〇一二。

《二哥情事》，可白著，李長駿繪，小兵，二〇一六。

《十三歲新娘》，葛羅莉亞．魏蘭著，鄒嘉容譯，台灣東方，二〇〇一。

《長腿叔叔》，琴．韋伯斯特著，趙永芬譯，野人，二〇一六。

《草莓心事三部曲——草莓心事》，林佑儒著，法蘭克繪，小兵，二〇一八。

9. 人物傳記

《設計你的夢想——衣鳴驚人吳季剛》，許慧貞、胡芳芳著，陳寧悅繪，五南，二〇一七。

《紅樓夢》，曹雪芹著，方寧之改寫，天衛文化，一九九六。

《史記——精采生動的人物傳記》，管家琪 著，幼獅文化，二〇〇七。

《雙Q高手——孔子》，李寬宏著，三民，二〇〇六。

《宮崎駿——傳遞幸福的動畫大師》，周姚萍著，九子繪，小天下，二〇一一。

10. 史地故事

《少年噶瑪蘭》，李潼著，天衛文化，二〇〇四。

《三國演義》，羅貫中著，台灣東方，一九〇〇。

《愛・回家》，凱倫・庫希曼著，麥倩宜譯，小魯文化，二〇一二。

《可能小學的歷史任務I——騎著駱駝逛大唐》，王文華著，林廉恩繪，親子天下，二〇一八。

11. 冒險與幻想

《晴空小侍郎》，哲也著，唐唐繪，親子天下，二〇一五。

《手斧男孩首部曲》，蓋瑞・伯森著，蔡美玲、達娃譯，野人，二〇一二。

《烏龜也上網》，張之路 著，賴馬繪，聯經，二〇一三。

《西遊記》，吳承恩著，蔡嘉驊繪，三采，二〇一六。

《回憶當鋪》，吉野万理子著，林冠汾譯，左萱繪，博識圖書，二〇一三。

12. 戰爭與和平

《逃難者》，艾倫・葛拉茲著，郭恩惠譯，黃雅玲繪，親子天下，二〇一八。

《臺灣小兵造飛機》，周姚萍 著，東林繪，天衛文化，二〇一八。

《偷書賊》，馬格斯・朱薩克 著，呂玉嬋譯，木馬文化，二〇一九。

《湯姆叔叔的小屋》，史杜威夫人著，台灣東方，一九〇〇。

《砲來了，金門快跑！》，張友漁著，陳一帆繪，四也出版，二〇一四。

國家圖書館預行編目資料

最後抱他的人／許慧貞著. ——初版. ——臺北市；寶瓶文化, 2020. 02
面；　公分, ——（vision；190）
ISBN 978-986-406-179-2（平裝）
1. 閱讀　　2. 教育
520　　　　　　　　108023437

Vision 190

最後抱他的人

作者／許慧貞（教育部閱讀史懷哲獎、《天下雜誌》閱讀典範教師得主）
副總編輯／張純玲

發行人／張寶琴
社長兼總編輯／朱亞君
資深編輯／丁慧瑋　編輯／林婕伃
美術主編／林慧雯
校對／張純玲・陳佩伶・劉素芬・許慧貞
營銷部主任／林歆婕　業務專員／林裕翔　企劃專員／李祉萱
財務／莊玉萍
出版者／寶瓶文化事業股份有限公司
地址／台北市110信義區基隆路一段180號8樓
電話／(02)27494988　傳真／(02)27495072
郵政劃撥／19446403　寶瓶文化事業股份有限公司
印刷廠／世和印製企業有限公司
總經銷／大和書報圖書股份有限公司　電話／(02)89902588
地址／新北市新莊區五工五路2號　傳真／(02)22997900
E-mail／aquarius@udngroup.com

法律顧問／理律法律事務所陳長文律師、蔣大中律師
如有破損或裝訂錯誤，請寄回本公司更換
著作完成日期／二〇一九年十二月
初版一刷日期／二〇二〇年二月七日
初版三刷+日期／二〇二二年十月四日
ISBN／978-986-406-179-2
定價／三二〇元

AQUARIUS 寶瓶文化事業

愛書人卡

感謝您熱心的為我們填寫，
對您的意見，我們會認真的加以參考，
希望寶瓶文化推出的每一本書，都能得到您的肯定與永遠的支持。

系列：vision 190　**書名：最後抱他的人**

1. 姓名：＿＿＿＿＿＿＿＿　性別：□男　□女
2. 生日：＿＿年＿＿月＿＿日
3. 教育程度：□大學以上　□大學　□專科　□高中、高職　□高中職以下
4. 職業：＿＿＿＿＿＿＿
5. 聯絡地址：＿＿＿＿＿＿＿＿＿＿＿＿＿＿＿＿＿＿

   聯絡電話：＿＿＿＿＿＿＿＿　手機：＿＿＿＿＿＿＿＿
6. E-mail信箱：＿＿＿＿＿＿＿＿＿＿＿＿＿＿＿＿

   □同意　□不同意　免費獲得寶瓶文化叢書訊息
7. 購買日期：＿＿ 年 ＿＿ 月 ＿＿日
8. 您得知本書的管道：□報紙／雜誌　□電視／電台　□親友介紹　□逛書店　□網路

   □傳單／海報　□廣告　□其他
9. 您在哪裡買到本書：□書店，店名＿＿＿＿＿　□劃撥　□現場活動　□贈書

   □網路購書，網站名稱：＿＿＿＿＿＿　□其他＿＿＿＿＿
10. 對本書的建議：（請填代號　1. 滿意　2. 尚可　3. 再改進，請提供意見）

    內容：＿＿＿＿＿＿＿＿＿＿＿＿

    封面：＿＿＿＿＿＿＿＿＿＿＿＿

    編排：＿＿＿＿＿＿＿＿＿＿＿＿

    其他：＿＿＿＿＿＿＿＿＿＿＿＿

    綜合意見：＿＿＿＿＿＿＿＿＿＿＿＿＿＿＿＿＿＿＿＿＿＿
11. 希望我們未來出版哪一類的書籍：＿＿＿＿＿＿＿＿＿＿＿＿＿＿＿

讓文字與書寫的聲音大鳴大放

寶瓶文化事業股份有限公司

（請沿此虛線剪下）

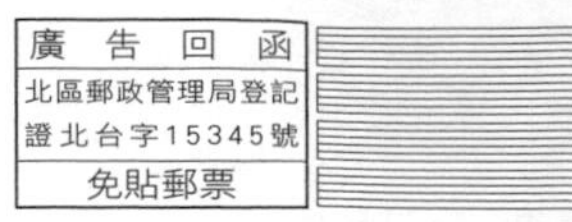

寶瓶文化事業股份有限公司收

110台北市信義區基隆路一段180號8樓

8F,180 KEELUNG RD.,SEC.1,

TAIPEI.(110)TAIWAN R.O.C.

（請沿虛線對折後寄回，或傳真至02-27495072。謝謝）